JN249297

新・歴史人物伝
坂本龍馬

著◎仲野ワタリ
絵◎瀧　玲子

——やはり異国は強い。本気になられるとまるでかなわん。
龍馬があきれたのは、幕府が異国に自由にふるまわせていたことだ。
龍馬は〈日本を今一度せんたくいたし申候事〉と手紙に書き、乙女に宛てた。
——こんな日本じゃ、こんな幕府じゃいかん。
日本は一度、なかからきれいに洗濯しなきゃいかんぜよ。
本文93ページより

夕顔丸の船上で、龍馬は新しい
日本の国の形を考え「船中八策」
として伝えた。

ＣＧイラスト 成瀬京司

日本中の坂本龍馬を訪ねよう!!

京都府　寺田屋跡

坂本龍馬暗殺未遂事件の舞台。現在の建物は明治に再建されたもの。

兵庫県　海軍操練所跡

神戸海軍操練所が作られるとき、海軍塾の塾頭としてやってきた。

高知県　桂浜

龍馬が故郷でもっとも愛したといわれる桂浜。桂浜の龍頭岬には坂本龍馬像がある。

長崎県　亀山社中跡

亀山社中は龍馬が長崎の亀山に設立した組織。日本初の株式会社として知られる。

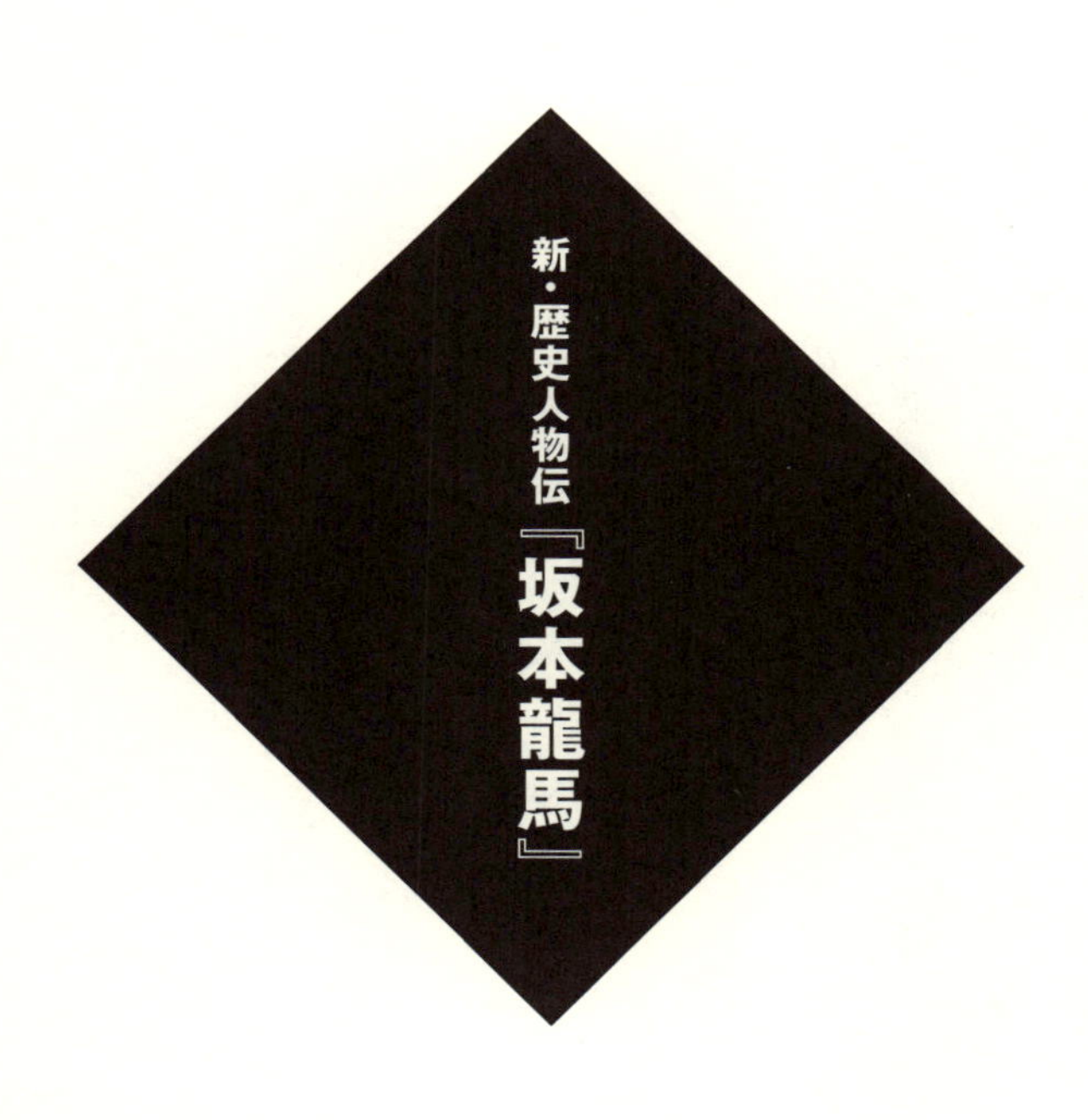
新・歴史人物伝
『坂本龍馬』

もくじ

1　龍馬、江戸へと旅立つ

その日、一人の若者が故郷・土佐から家族に見送られ、はるか江戸へと旅立とうとしていた。

「それじゃあ、父上、兄上、姉上、行ってくるきに」

若者の名は、坂本龍馬。ここ土佐で、呉服屋や酒造業を営む豪商・才谷屋の一族である坂本家の次男だ。坂本家は土佐藩二十四万石につかえる郷士（下士）でもあった。

ときに嘉永六年（一八五三年）、数え年十八歳の龍馬は、藩の許しをえて一年三ヶ月間の江戸での剣術修行に出ようとしているのだった。

「龍馬、立派になって。あんたにまさかこんな日がこようとはね」

涙ぐみながら龍馬を見つめるのは、三歳年上の姉・乙女だ。

「姉上、江戸からもどったら、わしのほうが姉上より背が高くなっているかもしれんぞ」

そう龍馬が言うとおり、乙女の身長は龍馬よりも二寸（三センチ）ほど高い。龍馬も五寸八尺（百七十四センチ）と、この時代にしては大男だったが、乙女はいったい何を食べたらこんなに大きくなるかといったくらいの大女だ。近所の子どもたちは、そんな乙女のことを「坂本のお仁王様」と呼んでいた。

その乙女が、うるんだ目で弟に笑いかける。

「いくらでも大きくなってきいや。本当に、あの寝小便たれの泣き虫の龍馬がのう」

「ちょい、姉上。いったいいつのことを言うちょるんじゃ。わしゃもう、寝小便もせんし泣きもせんぞ」

顔を赤くする龍馬に、まわりにいる家族が笑った。

「はっはっはっ。いつまでたっても龍馬は乙女にだけはかなわんのう」

父の八平がおかしそうに肩をゆする。そのとなりで兄の権平も「武芸も学問も乙女から習ったのだからな」とうなずいた。

いまでこそ江戸に剣術修行に出るまでになった龍馬も、子どものころは寝小便のくせがなかなかなおらない泣き虫の少年だった。外に出ては「よばあたれ（寝小便たれ）」といじめっ子たちにからかわれ、塾に行っても学問についていけない落ちこぼれだった。

そんな龍馬を見かねた八平が、三人いる姉のうち、いちばん歳の近い乙女に弟の教育を命じたのだった。

読み書きに柔術、剣術、男まさりの乙女は末の弟をきたえ、いろいろなことを学ばせた。

そうするうちに龍馬はいつの間にか寝小便のくせもなおり、背もぐんぐんのびていった。
十四歳のときには、日根野弁治の日根野道場に入門し、剣術の腕をみがいた。そうして、江戸での修行が許されるまでの剣士となったのだった。

「ええか、龍馬。江戸に出たからといって、うかれて遊んではならんぞ」

「そうよ。きれいなおなごがいてもうつつをぬかさず、剣術修行にはげむんよ」

「わかったわかった。父上も姉上もしつこいな。耳にたこができるぜよ」

笑いとばす龍馬に、乙女や八平は顔を見あわせる。

「どうだかな。おんしはときどき大ボラを吹くからのう。それだけが心配じゃ」

権平が前に出て、二十一歳下の弟の肩にふれた。

「父上の言うとおりじゃ。江戸に行ってまで、海を渡りたいなどとたわごとを言うでないぞ」

龍馬が生まれ育った土佐は太平洋に面している。海は、子どものころからなれしたしんだ場所だった。そして、いつからか、龍馬は海に行くたび「この海の向こうに渡ってみたい」と言うようになっていた。

だが、この時代の日本は鎖国をしていた。日本人が海を渡って異国へ行くことは、まちがって漂流でもしないかぎり、幕府によって禁じられていた。

「兄上、心配ないきに。わしは江戸に剣術を習いにいくんじゃ。兄上たちに迷惑はかけん」

ニッと笑う龍馬に、権平も「ならいいが」とやっと笑顔を見せた。

「それじゃあ、行ってきます」

龍馬は家族にあいさつし、意気揚々と家をあとにした。

歩きはじめて少したつと、すぐに見覚えのある顔が道の向こうからやってくるのが見えた。

——む、あの大きなあごは。

龍馬は、その人物を目にするとうれしくなった。

「アゴ先生、武市さん」

「おお、龍馬！」

歩いてきたのは、坂本家の遠縁にあたる武市半平太だった。龍馬より七歳年上の半平太は、高知城下でも知られた秀才で、龍馬にとっては兄のような存在だった。

「いまから江戸か。はげんでこいよ」

半平太も笑みをかえしてきた。龍馬の言うようにあごは大きいが、端整な顔は龍馬とはくらべものにならぬほどの美男でもある。

「武市さんは道場か。もうすぐ小野派一刀流の免許皆伝だといううわさじゃの」

「うわさが本当ならええんじゃがの。まあ、わしもおんしに負けぬようせいぜいはげむよ」

龍馬同様、いやそれ以上に、半平太もまた剣術には才があった。龍馬がかよった日根野道場は身分の低い下士があつまっていたが、半平太の属する麻田道場には下士よりも身分の高い上士や、下士の間でもなんらかの手柄があって上士と同じあつかいを受ける「白札」と呼ばれる武士がかよっている。半平太の身分は白札だった。

「武市さんならきっと免許皆伝じゃ。そうなれば自分の道場を持つのも夢ではないのう」

「ははは。龍馬、そのときはわしの手伝いをしてくれ」

「アゴ先生からそう言われるのは光栄じゃ。おぼえておくきに」

答えながら、龍馬は「それもいいかな」と思った。坂本家は兄の権平が継ぐ。次男の自分には剣術で身を立てるか、どこか跡取りのいない家の養子に入るくらいしか道は残されていない。

じゃあ、と半平太とわかれようとしたときだった。

「龍馬、頭を下げろ」

半平太が言った。見ると、すぐそこまで若い武士の一団がやってきていた。

「上士じゃ。後藤象二郎様たちじゃ」

青年たちは、我がもの顔で胸を張って道のまんなかを歩いている。中心にいるのは、土佐藩の実力者である吉田東洋の甥の後藤象二郎であった。

龍馬と半平太は一歩しりぞいて、後藤たちがすぎさるのを待った。

土佐では、同じ武士でも上士と下士ではまったくあつかいがちがう。上士は家老職をはじめ、藩の政治にかかわる重要な役目につくことができるが、下士はどんなにがんばっても低い役職にしかつけない。また、上士は馬に乗ることがゆるされるが、下士はゆるされない。着ていいのは木綿の服だけ、履物は草履だけ、といったこまかい決まりもあった。

後藤たちは近くまでくると、頭を下げている龍馬と半平太に気がついた。

しかし、みな、ちらりと見ただけで、すぐに目線をそらした。お前たちなど見えていないよ、といった態度がありありだった。上士のなかでもとくに身分の高い後藤あたりから見れば、白札の半平太も下士と同じ、相手にすべき存在ではないらしかった。

「やれやれ、毎度のことじゃがきゅうくつじゃのう」

上士たちがさったところで、龍馬は両手をあげてのびをした。

「龍馬、言葉に気をつけろ」

半平太がたしなめた。

「武市さん、いまの見たかい。いまや高知城下で武市半平太の名を知らんやつはいないというのに、あの上士たち、わざとらしく知らんぷりしおった」

「龍馬、江戸に行ってまでそんなことを言うなよ。おんしは思ったことをすぐ口にするからな」

そう言うと、半平太はなにがおかしいのか、くすくすと笑いはじめた。かと思ったら、真剣な顔になって空を見上げた。

「龍馬、見てろ。いまにこの武市半平太が土佐をかえてやる」

「武市さん……」

「上士だ下士だと、二百五十年も前に決めたことにいつまでもしばられておるのは、もうまっぴらじゃ」

土佐藩に上士と下士の身分制度ができたのは、二百五十年前、現在の藩主である山内家がこの土佐を支配するようになってからのことだ。

山内家が来る以前、土佐は長宗我部家の領地だった。しかし、天下分け目の関ヶ原の合戦で、長宗我部家は敗北した西軍に味方していたため、戦後、領地を没収されてしまった。かわりに土佐二十四万石の領主となったのが、勝者である徳川家康とともに戦った山内家だった。

山内家は、土佐にやってくると、もともとの家臣たちを上士とし、残っていた長宗我部家の武士たちを下士にさだめた。以来、二百五十年間、下士はずっと上士にさからえずにきた。武士にも身分差があるのはどこの藩でも同じことだったが、土佐ほどそれがきびしい藩はほかになかった。

「そうじゃ。それでこそ武市さんじゃ。アゴ先生じゃ！」

龍馬は笑った。坂本家は商人の出で、武士には途中からなった。だから、ほかの下士たちとちがって上士に対するうらみはそれほどない。むしろ、上士のなかには金にこまって龍馬の家に借金をする者もいたので、「上士もたいへんじゃのう」と同情することすらあった。

しかし、さっきのようなふんぞりかえった態度を見ると、やっぱり「なんじゃあいつらは」と思ってしまう。自分のようなできそこないはともかく、半平太のような秀才が、身分が低いというだけで、いくつも年下の後藤たちに頭を下げなければいけないというのはがまんがならなかった。

――はやく江戸に行きたい。

龍馬は半平太とわかれをかわすと、高知の町を足ばやに歩いた。

――武市さんの言うとおり、土佐はきゅうくつじゃ。わしはもっと広い世を見るんじゃ。

「わしは江戸に行くぜよ！」

さけぶ龍馬を、町の人たちがふりかえった。「坂本のバカ息子がまたほたえっちゅう（さわいでいる）」と笑う者もいた。

2　女剣士

約一ヶ月をかけて江戸へとたどり着いた龍馬は、築地にある土佐藩中屋敷に腰をおちつけると、すぐに土佐の日根野道場からもらった紹介状をたずさえて、歩いて十分ほどの桶町にある北辰一刀流の千葉定吉道場をたずねた。この道場には、龍馬のほかにも溝渕広之丞など、数人の土佐藩士がかよっていた。

千葉定吉は北辰一刀流の開祖である千葉周作の弟で、兄同様、剣の達人として知られていた。

しかし、出むかえてくれたのは、思っていたよりもずっと若い剣士だった。

「君が坂本君か。遠路はるばるよく来られたな」

「はい、土佐からきた坂本龍馬です」

あいさつをする龍馬に、青年は自己紹介した。

「私は千葉重太郎。定吉の長男で、今年からこの道場で師範をつとめています」

「あの、千葉定吉先生は？」

聞いていた話とちがう。自分に北辰一刀流を教えてくれるはずの千葉定吉はどこに行ってしまったのか。

「父上は、鳥取藩のお屋敷に行っております」

そう答えたのは、重太郎のとなりにいた娘だった。歳は十五か、十六といったところか。

重太郎と同じ白い道着を着ているということは、この娘も剣術をたしなむのだろう。

「千葉さなと申します。道場で兄の手伝いをしております」

「はあ……」

わけがわからずぽかんと口を開けている龍馬に、重太郎とさなは、定吉が剣の腕を見こまれて鳥取藩の剣術師範になったのだと教えてくれた。

「なるほど。定吉先生は鳥取藩の剣術師範の仕事がいそがしく、かわりに重太郎さんが道場の師範をつとめているということなんですな」

「そういうことです」

ほほ笑んだ重太郎は「では」と言った。

「さっそくですが、坂本君の剣がどれほどのものか見せてくれませんか。日根野道場からの紹介状を読むと、相当お強いようだ」

いきなり試合をしようということらしい。いやもおうもなかった。

「兄上、私に手あわせさせてはいただけないでしょうか」

さなが言った。

「坂本さんは江戸までの長旅でろくに稽古もされていないはず。まずは私を相手に勘をとりもどされるといいのでは」

重太郎は少しこまった顔をしたが、あきらめたように笑うと龍馬を見た。

「さなは言い出すときかない性分でね。もしよかったら、相手をしてやってはいただけまいか。それとも、おなご相手では竹刀を持つ気にはならんかな」

「いや、そんなことはありませんが」

おなご相手の稽古なら、乙女でなれている。だが、この空気はいったいなんなんだ。

龍馬は、自分をとりまく視線にとまどっていた。道場にいるほかの門下生たちが、なにやらたのしいものでも見るような目でこっちを見ている。それに、なにより自分を見つめるさな自身の目がすごい。

――ぎらぎらと燃えている、戦いたがっている目だ。

はて、自分はなにかこの娘にうらみをかうようなことをしたか。いや、会ったばかりなのだ。そんなことがあるわけない。

とまどったまま、龍馬は面と防具を身につけ、さなと向かいあった。

「はじめ！」

重太郎のかけ声とともに、さなは竹刀をななめにした左上段のかまえをとった。見たことのないかまえにおどろいているひまもなかった。いきなり飛びこんできたさなの竹刀が龍馬の左上から右下へと振りぬかれた。

「うわっ！」

はやい。とっさにかわすのが精一杯だった。次いで、龍馬の竹刀をはねあげるように下からさなの竹刀が襲ってきた。

パン、と手に衝撃が伝わる。

――こりゃあ、いかんぜよ。

とりつくろっている余裕はない。おもいきっていったん下がると、龍馬は竹刀を正面にかまえなおした。そこに、今度はするどい突きがのびてきた。

「うひゃっ」

どうにか竹刀を当ててかわす。それもつかの間、右から左から、さなの竹刀はとまらない。しかも、小柄なおなごのものとは思えぬほどの力がある。

――なんちゅう自在な剣じゃ。これが北辰一刀流か。

龍馬も日根野道場では知られた腕である。が、しょせん土佐でのことだ。

――これが江戸か。

世は広い。龍馬はさなの剣によって、はやくもそれを教えられていた。

——だけど、やられてばかりじゃいられないぜよ。

「たあっ！」

反撃に転じた。さなの剣をまねるように、自分も連打を打ちこんだ。相手がおなごだとはもはや思っていなかった。全力をつくさないと負けてしまう。

「そこまで！」

試合をとめる声が道場にひびいた。

「やるなあ、坂本君」

重太郎の言うように、龍馬はさなに勝った。しかし、ぎりぎりの勝利だった。長い打ち合いでさながつかれてきたところで、小手を奪ったのだ。いつものように、あざやかに面や胴をきめての一本勝ちというわけにはいかなかった。

「さなさんが強いので、おどろきました」

正直な感想だった。さなはというと、上気した顔で龍馬を見つめている。くやしそうに見えるが、その瞳にさっきのような闘争心はうかがえない。

「ありがとうございました」

さなは、一礼すると道場から姿を消した。

「どうやら坂本君のことが気に入ったようだ」

重太郎は「私もだ」とつけたした。

その後、龍馬は鳥取藩邸から帰ってきた定吉の前で、重太郎とも試合稽古をおこなった。

さすがに道場一の腕をほこる重太郎にはかなわなかったが、定吉も重太郎も龍馬の剣を「なかなか筋がある」とみとめてくれた。

「坂本君は体も立派だし、勘もいい。稽古をつめば、うんと上達するであろう」

さなや重太郎だけでなく、道場主の定吉も龍馬を見こんでくれたようだった。

こうして、龍馬の江戸での剣術修行の日々がはじまった。

3　龍馬という名

龍馬が江戸にきてから一ヶ月半がたった。

朝、中屋敷内にある下士たちがくらす長屋で目ざめると、仲間たちと自炊をして食事をとる。その後は千葉道場に行き、稽古にはげむ。あいた時間があれば、日本橋や浅草、両国などに足をのばして江戸見物をする。

はじめての江戸は、思ったとおり、見るもの聞くものあたらしく、十九歳の龍馬にとっては刺激的だった。道場にはほかの藩からの門下生も多かったし、そうした仲間たちから諸国の事情を聞くことも勉強になった。

剣術修行にきているだけあって、仲間たちはほかの道場にもくわしかった。

江戸にはたくさんの剣術道場があるが、なかでも三大道場として知られているのは、定吉の兄の周作が道場主をつとめる北辰一刀流の『玄武館』、神道無念流の『練兵館』、それに鏡新明智流の『士学館』だった。

「『練兵館』の桂小五郎という男は、おそろしく強いらしいな」

「長州からきたという、あの男か」

「すぐに塾頭になってもおかしくないほどの腕だというぞ」

仲間たちの話に興味を持った龍馬は、『練兵館』に見学に行った。だれがうわさの桂小五郎であるのかは、見ていてすぐにわかった。

斎藤弥九郎が率いる『練兵館』の神道無念流は、北辰一刀流とくらべても一打一打の打ちこみが力強い。なかでも一人、すばぬけた力量を感じさせる青年がいた。

――ははあ、あれが長州の桂小五郎か。

背は龍馬と同じくらいはありそうだ。歳も同じくらいか。顔はきりりとしまった美男子だ。

素振り稽古を見ているだけでも、桂小五郎は迫力がちがった。竹刀をふるたびに、ぶん、ぶん、という音が、遠くにいるこっちまで伝わってきそうだった。

――やっぱり世間は広いのう。どこにどんな人物がいるかわかったものではない。

「わしも負けてはおられん」

江戸での修行の先に、なにが待っているかはわからない。いまは自分にできることをするだけだ。龍馬はそう思うと、心あらたに剣術修行に精を出そうとちかうのだった。


その日、龍馬は重太郎に「妹についてやってほしい」とたのまれ、日本橋大通りの呉服屋に反物を買いにいくというさなのおともをした。

「いやあ、ここは前にもきたけど、えらくにぎやかなところですな」

日本橋大通りには、呉服屋の三井越後屋をはじめ、仏具屋や紙問屋、陣笠問屋、味噌問屋、八百屋など、衣服から道具、食べ物にいたるまで、さまざまな店がならんでいる。通りを行きかう人も、武士に町人、男に女、天秤棒をかついだ行商人に籠かきと、これもまたいろいろな人たちがいる。

きょろきょろする龍馬を、さなは子どもに向けるようなやさしい目で見ている。

「坂本さんはたのしいお方ですね」

「は？　そうですかいの」

「ものめずらしいものがあれば、自分のお心をかくさずに、これはめずらしいという顔をされる。武士というものは、こうと思っても口をへの字に結んでそうそう顔には出さないものだと思っていました」

「ははは。土佐でもよく言われていました。おんしは落ちつきがなくていかんと」

「おいやだったでしょう。兄上のたのみとはいえ、おなごのともをするだなんて」

「とんでもない。江戸の町を歩くのはめっぽうゆかいです」

「ならばいいのですが」

「それに今日は、道着ではないさなさんを見ることができました」

今朝のことだ。千葉道場に行ってみると、「坂本さん、おはようございます」と浅葱色の振り袖を着た娘が声をかけてきた。「だれじゃ？」と思ったら、さなだった。いつも道着姿しか見ていなかったから、一瞬、それがさなであるとはわからなかったのだ。

「兄上の差し金なのです。呉服屋に反物をとりにいくなど、私一人でできるというのに」

そう話すさなの頬は、ほんのりと紅色を帯びていた。

「お前もたまには十六の娘らしく絹でも着て坂本君と歩いてみろ、でないと、坂本君に女だということを忘れられてしまうぞなどと……」

さなの龍馬を見る瞳は、はじめて会ったときのようにぎらぎらとした闘争心には燃えていない。あれから、毎日のように試合稽古の相手をつとめているが、いまはすっかり打ちとけて、こうして気やすく言葉をかわす仲になっていた。

「なあに、わしのほうこそ、さなさんにはいつも世話になっていますきに。たまにはこうして恩がえしせんといけません。それより、さなさんのほうこそこんな土佐の田舎者と歩いていて、はずかしくはないのですか」

「とんでもない。その……うれしいです」

かぼそい声で答えるさなを、龍馬は心のなかで少し気の毒に感じた。

——さなさんくらいの別嬪なら、歩いていてだれぞに見初められもしように。わしのような風体の者がいっしょにいたんじゃそれもあるまい。

そこまで考えて「あ、そうか」と思った。

——重太郎さんはそれを心配して、わしにともをたのんだんだな。ははあ、なるほど。

龍馬が一人で考えていると、さながきいてきた。

「ところで、前から思っていたのですが、坂本さんの龍馬というお名前、すごくすてきですね。なにか由来はあるのですか」

「龍馬の龍は龍。龍馬の馬は馬。字そのまんまです」

「なぜ龍と馬なんですか」

「生まれたとき、背中に馬のたてがみのような毛が生えていたそうなんです。それと、母上がわしを産む前に、龍が出てくる夢を見たので、龍と馬で龍馬。そう聞いています」

「きっとお母上もお父上も、強い子になってほしいと名づけられたのでしょうね」

「あはは。ところがどっこい、子どものころのわしときたら、そらあ弱虫で、いじめられては泣いてばかりでした。そうでなくなったのは姉上のおかげです」

剣術も柔術も水練も書も学問も、すべて姉の乙女によってきたえられたのだと言うと、さなは「すばらしい姉上ですね。いつかお会いしたいです」と目をかがやかせた。

乙女の話でもりあがっていると、目の前に人だかりができていることに気がついた。

「なんじゃ？」

人ごみをかきわけてみれば、そこにいたのは瓦版屋だった。

「ごらんあれ、いま飛脚が持ってきたばかりのネタだよ！」

売り子のくばる瓦版に、人々がむらがっている。龍馬も一枚手にとってみた。

「浦賀に異国船がきたじゃと？」

瓦版に刷られていたのは、見たこともない大きな船の絵だった。

「黒船ですって？」

さなも瓦版をのぞきこんだ。

「アメリカ国の軍船か。帆柱が、ひいふうみい、三つもある。こりゃでかそうだ」

「黒い煙をはいていますね。この船の横についた水車のようなものはなんでしょう」

「蒸気で走る外輪船か。大砲もたくさんつんでいるようじゃ」

はじめて目にした異国船の絵に、龍馬もさなもただおどろくばかりだった。しかも、売り子の話によると、それが四隻もそろって浦賀にあらわれたというのだ。

「さなさん、浦賀というのはどこですか」

「江戸から十里ばかり南に行ったところです」

「そんな近くに異国船が四隻も！」

これはおおごとだ。そう感じているのは龍馬だけではなく、まわりにいる人々も口々に
「こいつはてえへんだ」「お上はどうするんだ」とさわいでいる。

「国を開けって言っているらしいぞ。なんでも国書を持ってきたそうだ」

「公方（将軍）様がそんなことお許しになるもんかい」

——国を開く？

国を開くとは、どういうことだ。異国とまじわるということか。この日本は、二百五十年に渡って鎖国をしてきた。清国や朝鮮、オランダとは貿易をしているが、それも長崎などかぎられた港だけの話だ。

「坂本さん！」

さなが呼んだ。

「父上や兄上にこの瓦版を見せます。いそいで呉服屋に行って用をすませましょう」

そう言うさなは、道場にいるときの女剣士の顔になっていた。

4 黒船の衝撃

嘉永六年（一八五三年）六月六日、その朝、龍馬は品川にいた。

目の前には、江戸湾の海がひろがっている。その海をにらむようにして、大勢の土佐藩士が海岸を見下ろす石垣の上に立っていた。

「黒船はここまで来るかのう」

「通すわけにはいかんな。この品川より先に行かせたら、千代田の城（江戸城）も目と鼻の先じゃ」

「なあに。江戸の町に狼藉をくわえるようなら大筒を撃ちこむまでのことよ」

「それではおもしろくない。黒船に乗りこんで異人を斬りまくるんじゃ」

威勢のいいことを言っている同輩たちには加わらず、龍馬は浦賀のある南に目をこらしていた。

――こんなところにいなきゃならんとは。中屋敷に帰ったのが失敗じゃった。

二日前、日本橋で黒船来航の瓦版を目にした龍馬とさなは、いそいで千葉道場に引きかえした。

四隻もの異国船がきたことに道場の門下生たちは興奮し、重太郎はじめ何人かは「浦賀に見にいく」と言い出した。もちろん、龍馬もそれにくわわろうと、旅じたくをととのえるのにいったん土佐藩中屋敷に帰ったのだった。

しかし、龍馬は黒船見物に行くことができなかった。もどった中屋敷は、上を下への大さわぎだった。幕府から品川海岸の防備を命じられたからだった。龍馬たち若い藩士たちは全員が駆り出され、土佐藩下屋敷に近い海岸に陣幕を張って守りについた。

海岸防備とはいっても、相手がいなければ守るもなにもない。

この二日間、龍馬は退屈しきっていた。いくら目をこらしても、品川からでは浦賀にいる黒船は見えっこない。空を見上げては、自由に飛べる海鳥をうらやましく思うのだった。

「ん？」

ひまを持てあました龍馬の左右の目が、水平線の変化に気づいたのは防備について一刻（二時間）ほどたったときのことだった。

「なんじゃ、あの煙は。だれか海の上でたき火でもしているのかの」

龍馬の声に、近くにいた藩士が「坂本、なに寝ごとを言っちょるんじゃ」と笑った。

ところが、水平線の上の煙はどんどんひろがっていき、その下に米粒みたいな黒い点があらわれた。

「あれは……まさか」

遠眼鏡をのぞいていた藩士の声はふるえていた。

「黒船じゃ、黒船がきたぞ！」

この一声で、百人ほどいた藩士たちは石垣の上にあつまった。

黒船は、どんどん大きくなってくる。一隻しかいないが、その巨大さは品川の沖にうかぶ漁師の小舟とくらべてみるとよくわかる。

「どでかいのう。煙をはいている。あれが蒸気船というやつか」

「どうする？」

「どうするって、どうすればいいんじゃ」

幕府からは海岸を守るようにと言われてはいても、目の前に黒船がきたらどうしろとは言われていない。さっきまでは、やれ「大筒を撃ちこむ」だの「斬りまくる」だのといさましいことを口にしていた藩士たちも、こうしていざ黒船を間近で目にすると、ただその迫力に口をぽかんと開けるばかりだった。

そのなかで、いちばん大きく口を開けているのは、ほかでもない龍馬だった。

「わ、わし……」

「おい坂本、どうした。立ったまま腰でもぬかしたか？」

肩をゆさぶられた龍馬は、沖にいる黒船を指さしてさけんだ。

「わしはあれに乗りたい。乗ってみたいぞ！」

まわりにいる藩士たちが「はあっ？」と声を裏がえした。

「あれはいいぜよ。あれだけでかければ大海原も渡れよう。いや、本当にはるばるアメリカから渡ってきたんじゃ、あの船は」

興奮した龍馬は、一人でしゃべりつづけた。

「うーん、いくらなら売ってくれるかのう。一万両、いや三万両といったところかのう」

龍馬は本気だった。はじめて目にした黒船に心がはげしくゆさぶられていた。

——異国はすごい。きっとこんな大きな船を何十隻も何百隻も持っているんじゃろう。

龍馬に呼ばれるように、黒船は近づいてきた。瓦版にあったとおり、三本の帆柱のほかに、黒い煙をもうもうとはく煙突がついている。船の左右には、蒸気で動く外輪がある。船のいちばん後ろには、アメリカ国の国旗がはためいている。

黒船は、その巨体を見せびらかすように品川沖をゆうゆうとすぎたかと思うと、船首を転じて浦賀の方向へと帰っていった。あとで聞いた話では、なかなか交渉を進めようとしない幕府におどしをかけるために江戸湾の奥にまで姿を見せたとのことだった。

龍馬はそれから翌嘉永七年（一八五四年）の六月まで、千葉道場での剣術稽古に精を出した。その間、ペリー提督ひきいる黒船はもう一度日本に来航した。一度目は四隻だった船は、二度目の来航では七隻にふえていた。

これに対し幕府は、一度目の来航では返事を待ってもらった開国、開港の要求を受け入れざるを得なくなり、アメリカとの間に日米和親条約を結んだ。幕府は伊豆の下田と蝦夷地（北海道）の箱館を開港し、アメリカの船はそこで水や食料をつむことができるようになった。

二百五十年つづいた鎖国は、こうしてあっけなく終わりをつげたのだった。

藩から許された滞在期間にたっした龍馬は、思いがけず目にした時代の変化にとまどいをおぼえながらも、一路、土佐へと帰った。

5 河田小龍の開国論

「ごめんください。河田小龍先生はおられますか」

声をかけても、家のなかはしんと静まりかえっている。

「だれもいないのですか。ならしかたない。勝手にあがって待つこととするかのう」

ずうずうしい龍馬の言葉に、土間の奥の戸が開いた。

「バカだとは聞いていたが、坂本の息子は礼儀も知らんらしいな」

いかめしい顔で龍馬をにらんできたのは、この家の主の画家、河田小龍だった。龍馬は、自分よりひとまわりほど年上の小龍の顔を見ると、「ほーら、やっぱりおった」と笑った。

「わしのことを坂本龍馬と知っていましたか。ならば居留守など使わないでもいいのに」

「使いたくもなるわ。このところ、おんしだけでなく、わしに話を聞きたいというやつがやたらとたずねてくるんじゃ。もちろん、絵の話など聞きたがるやつはひとりもおらん」

画家である小龍のもとに、なぜ多くの人がたずねてくるのか。理由はひとつだった。

「そりゃあもう、この土佐で異国にいちばんくわしいのは河田小龍先生ですからのう。万次郎から聞いた話を、わしにも聞かせてください」

万次郎というのは、もともと土佐の漁師で、嵐にあって漂流していたところをアメリカの船にたすけられ、そのままアメリカで数年間をすごしたジョン万次郎（中濱万次郎）のことであった。万次郎は二年前に日本に帰国し、しばらくの間、土佐藩の命でこの河田小龍の家に住んで、小龍に英語やアメリカという国のことを教えたという。いまは黒船がきたことで、幕府に通訳として呼ばれ江戸にいるはずだった。

「まあ、あがれ。おんしが来ることはおんしの父上の知りあいから聞いておった」

小龍は龍馬に、居間にあがるように言った。

「江戸で黒船を見たそうじゃな。どう思った？」

向かいあった小龍は、いきなり龍馬に聞いた。

「ほしい、と思いました」

「黒船がほしいときたか。おんしはおもしろいな。ただのバカではないようじゃ」

はなれたところにすわっていた小龍は、床に両手をつくと、ずいっと龍馬の前までできた。

「万次郎から聞いた話が聞きたいと言ったな。なにが聞きたい？」

「アメリカとは、どんな国ですか」

「この日本より、ずっとすすんだ国だ。黒船を見ても、それがわかっただろう。船だけではないぞ。アメリカには武士はいない。将軍様もいない。アメリカではみんなの上に立って政をする人間をプレジデントと呼ぶそうじゃ。幕府の老中みたいなものだな。そのプレジデントは入れ札（選挙）で選ばれるという」

「老中を入れ札で？　だれが選ぶのですか」

「みんなじゃ。商人も農民も漁師も、わしのような絵師も、国中のだれもがその入れ札には参加できる。プレジデントは国の民が決めるのだ」

目をパチクリさせる龍馬に、「どうだ、おどろいたか」と小龍は言った。

「おどろきました。そんな国がこの世にあるとは」

「あるんじゃ。わしも最初に万次郎から聞いたときはうそかと思った。考えてもみろ、お城のお殿様をわしらが選ぶんじゃぞ。そんなことがあってたまるものかと思ったわ」

しかし、本当にあるんじゃ、と小龍はつづけた。

「武器もすごいぞ。まあ、おんしは黒船を見たからわかるだろう。アメリカと戦をしても必ず負ける。アメリカだけではないぞ、イギリスもフランスも、異国はみんなあのような黒船を持っている。日本は二百五十年も鎖国をしているうちに、すっかり異国に置いていかれてしまったんじゃ」

「先生、日本はどうすりゃええんですかのう」

よわりきって頭をかく龍馬に、小龍は「おんしは正しい」と声をかけた。

「せっかくアメリカと和親条約を結んだんじゃ。すぐに通商もはじめて、黒船のような大きな船を買うことだ。そして、その船で交易をするんだ。異国のまねでかまわん。同じことをして、異国から学ぶんじゃ」

「異国から学ぶ。似たようなことを、江戸で佐久間象山先生も言っておられました」

「佐久間象山か。会ったのか？」

去年の六月、品川で黒船を見た龍馬は、異国について知りたいと思い、兵学者で、当代随一の洋学者でもあった佐久間象山の私塾にかよった。

「象山先生は、わしが黒船に乗りたいと言ったら大笑いされとりました」

「そりゃそうじゃろう。で、佐久間象山からなにを教わった」

「蘭学や西洋砲術です。西洋の国がどれほどすすんでいるか。その西洋の国々と渡りあうには開国して学ぶほかない、と。もっと学びたかったんですがのう、象山先生は獄に入れられてしまいました。なんでも長州の吉田松陰という人が黒船に乗りこんで密航しようとしたことにかかわっていたとかで」

幕府は開国はしたものの、まだ日本人が勝手に異国に行くことは許していなかった。

「吉田松陰か。異国をこの目で見たいという気持ちはわからんでもないが、せっかく国を開いたんだ。船を手に入れ、幕府の許しを得てからどうどうと海を渡ったほうがいい」

「先生、その船はわしが買います」

気がつくと、口が勝手にそう言っていた。

「そうか。どうやって買う？」

「いまは買えませんが、願っていれば、いずれ機会にめぐまれるでしょう」

ですから先生、と龍馬は頭を下げた。

「その、わしをたぶらかした口で、土佐の者たちをもっとたぶらかしてください。そしてわしが買った船の船員になるようくどいてください」

「おいおい、たぶらかしているのはおんしのほうだろう」

小龍はあきれ顔だった。しかし、目は笑っている。

「よかろう。いつかわからんが、その日にそなえておこう。だが、そうそううまくはいかんぞ。言ったであろう、居留守を使いたくなる、と。どいつもこいつも、わしに異国の話を聞かせろとやってはくるが、ろくに話も聞かないで、やれ攘夷じゃ攘夷じゃとさわぐばかりだ」

二度の黒船来航、そして、武力にものをいわせたアメリカの強硬な姿勢は、日本中の武士を怒らせていた。彼らのとなえる「攘夷」とは「異国（外国）を日本から追い出せ」という意味である。

「何ヶ月か前には武市半平太がきて、いかにすれば黒船を打ちはらえるか知恵を貸してくれと言ってきたわ」

「武市さんもきたのですか」

「いまの日本では、まして土佐藩だけでは黒船にはかなわんと言ったのだが、まるで聞く耳を持たない。しまいには、河田先生はそこでそうして一生絵を描いておられるといい、とにくまれ口をたたいて帰っていったわ」

「はあ、アゴ先生はこの目で黒船を見ておらんからのう」

正直に言うと、龍馬とて、最初に品川の警備を藩から命じられたときは、ほかの藩士たちが口にしていたように、事と次第によっては黒船と戦う気でいた。どんな大きな船か知らんが、小舟で忍び寄って夜討ちでもかければ異人の首のひとつくらいはとれるだろうと考えていた。そんなことを父への手紙にも書いた。

だが、それはあまい考えだった。

あの巨大な黒船を見た瞬間、戦おうなどという気持ちは自分の中から消えた。黒船は、それそのものも大きかったが、それだけでなく、その船をつくったアメリカという国の底力を感じさせた。かりに黒船を一隻沈めたとしても、あとから百隻、二百隻もの黒船がやってくるだろう。そうなったら日本はおしまいだ。

「しかしまあ、すてたもんでもないぞ」

龍馬が黒船のことを思い出していると、小龍が言った。

「昨日もな、中岡慎太郎という若造がたずねてきた」

はじめて聞く名だった。

「中岡は、おんしと同じようにわしの話に何度もうなずいておった。少なくとも、武市ほど頭はかたくないようじゃ」

「……中岡慎太郎」

どうやら気のあいそうな男のようだった。

そのあとも、龍馬は小龍から異国の話を聞いた。自分たちの日本が、世界のなかではちっぽけな島国でしかないことも知った。ひとつ舵取りをまちがえると、となりの清国のように西洋の国と戦争になったり、領土を占領されてしまうことも教えられた。

最後に、小龍は龍馬にこうすすめた。

「あせるなよ。おんしはまだ若い。いま目の前にあってできることをしろ」

「はい。わしはまだ剣の道も中途半端ですから、いまは修行をつづけたいと思います」

龍馬は礼を言い、小龍の家をあとにした。


それから二年近くの間、龍馬は藩の砲術指南である徳弘孝蔵に西洋流砲術を習ったり、日根野道場で剣術の稽古をして時をすごした。ときには半平太が開いた道場にも出稽古に行き、そこではじめて中岡慎太郎とも会った。

慎太郎は龍馬より二歳五ヶ月年下の十八歳だった。話してみると、小龍から聞いていたのとは少しちがって、武市と同じ熱烈な攘夷思想の持ち主だった。慎太郎は「わしが剣術にはげむのは、異人を斬るためじゃ」と公言してはばからなかった。

もっとも、半平太の道場では、師匠の半平太をはじめ、門下生の全員が同じように攘夷をうったえていた。

しかし、肝心の土佐藩や藩主の山内容堂は、開国を決定した幕府の方針にしたがっていた。徳川家に恩のある山内家としては、当然のことだった。

――もう少し、中岡慎太郎と話がしたい。本当はなにを考えているんじゃろう。

龍馬はそう思ったが、道場がちがうこともあり、なかなかその機会はおとずれなかった。

父の八平が病で亡くなったのは、安政二年(一八五五年)の十二月のことであった。五十九歳だった。母の幸は龍馬が十二歳のときに他界していたので、これで龍馬は両親を亡くしたこととなった。

坂本家は、前から決まっていたように兄の権平が継いだ。

「龍馬、もう一度江戸に剣術修行に行きなさい」

そう言ってきたのは、乙女だった。

「土佐を出るとき、あんたは姉上より背が高くなって帰ってくるって言ったでしょ。なのにまだわたしより低いじゃない。修行が足らんってこととちがう?」

「ははは。姉上はあいかわらずじゃのう」

笑いながら、龍馬は乙女の気づかいに感謝した。将来、なにをするにしても、まずは己の力で身を立てなければならない。そのためには、自分の道場が開けるくらいの剣の腕前を身につける必要があった。

権平も江戸に出ることを許してくれた。藩からも許可が出た。

年が明けた安政三年（一八五六年）、龍馬はふたたび江戸へと旅立った。

二年ぶりに江戸に出た龍馬は、前回と同じように千葉定吉の桶町道場にかよった。ちょうど時をあわせるように、半平太も江戸にやってきた。半平太は鏡新明智流の士学館に入門すると、たちまち頭角をあらわして塾頭になった。

「さすがは武市さんじゃ」

龍馬は、おさななじみの活躍を見て、自分のことのように気をよくした。

6　半平太の決意

同じ土佐藩の中屋敷に住んでいるということもあって、龍馬と半平太はよく行動をともにした。

「龍馬、わしは江戸にきて、わかったことがある」

その日も、おたがいに稽古を終えての帰り道に料理屋に入ると、半平太は口を開いた。

「武市さん、わかったこととはなんぜよ？」

「幕府はまるでたよりにならん。これでは攘夷など、夢のまた夢じゃ。手をこまねいているうちに、この国は異国に乗っとられてしまうぞ」

半平太がそこまで言ったときだった。

「そのとおりだ」

声にふり向くと、龍馬と半平太が膳をかこんでいた部屋に、ひとりの武士が入ってきた。

――お、この人はたしか。

龍馬の記憶にまちがいはなかった。半平太は男を席にまねくと、こう言った。

「長州の桂小五郎さんじゃ。神道無念流の練兵館で塾頭をされておられる。おんしにも会わせておきたいと思ってな、わしが呼んだんじゃ。桂さん、こちらは土佐藩の坂本龍馬。北辰一刀流の桶町道場にかよっています」

「桂小五郎です。お見知りおきを」

龍馬にあいさつをした桂は、すぐに話をもどした。

「武市先生の言うとおりです。このままでは日本は異国の食い物にされてしまいます。アメリカの次はロシアにイギリスと、幕府はなしくずしに異国と和親条約を結んでいる。自分からならばまだしも、黒船におそれをなして不平等な条約を結ばされているのです」

運ばれた酒をぐいっと飲みほすと、桂は「ふう」とため息をついた。

「下田には、とうとうハリスとかいう者がやってきて、アメリカ領事館を開きました。まったく、なにもかもアメリカの言いなりだ」

「桂さん、ということは、長州はどうする気なんですか」

龍馬は聞いた。

「どうもこうも攘夷に決まっています。京都の孝明天皇は異国ぎらいで、今回の件ではひどくお怒りだといいます。このうえは幕府ではなく朝廷におわす帝（天皇）を日本の中心とし、攘夷を決行するべきだと思います。尊王攘夷です」

「尊王攘夷」とは、天皇を敬い、異国を打ちはらおうという思想のことだった。

桂の話によると、長州では若い藩士たちがいかにして攘夷を決行するか、日々、熱い議論をくりひろげている。その中心にいるのが吉田松陰であり、弟子には久坂玄瑞や高杉晋作といった優秀な人材がそろっているという。

「わしも賛成じゃ」

半平太が言った。

「そのためにも、土佐藩を攘夷の方向にまとめなければと思っている。その中心となるのは、上士ではなく下士だ」

どうやら半平太は、こうして機会をもうけては、他藩の武士たちと会って、意見や情報交換をしているようだった。

「武市さん、その日がきたら土佐藩は長州藩とともに立ってくれますか」

そうたずねる桂に、武市は、まるで自分が藩主であるかのように、

「もちろんです。帝のもと、日本をひとつにしましょう」

と答えた。

――武市さんは藩の実権をにぎろうとしているんだな。

しかし、どうやって、と龍馬は思った。

龍馬が江戸にきて、いちばん喜んだのは重太郎とさなだった。

「坂本君がもどってきてくれて、本当にうれしい」

うれしい、うれしい、とくりかえしながら、重太郎は以前にもまして龍馬をしごいた。

一日に何本も試合稽古をさせられ、さすがの龍馬も悲鳴をあげた。

「ちょっと重太郎さん、わしはもうへとへとじゃ」

この日も龍馬は、朝から重太郎の相手をさせられていた。

「なんの、これしきでへばってもらってはこまる。たあああ――っ！」

面、面、面と、上段から重太郎の竹刀が連続で襲ってくる。はげしいそのふりを龍馬も「なんのー！」と必死で受ける。

「まったく、朝っぱらから手加減なしじゃのう」

「当たり前だ。坂本君にははやく免許皆伝してほしいからな」

「なんでじゃ。そんなにいそがんでもいいだろう」

「いそぐ。さなももう十九じゃ」

「はあ？　なんでわしの免許皆伝とさなさんが十九になるのが関係しているのじゃ」

わけわからん、と龍馬が打ちかえす。道場に、二人の竹刀がぶつかりあう音がひびく。

「はやく免許皆伝して、さなを……」

重太郎がそこまで言ったときだった。

「兄上！」

顔を真っ赤にそめたさなが、さけんでいた。

「こんな場所で、やめてください」

「さな、そこにおったのか」

重太郎がよそ見をしたすきだった。

「やあっ！」

パーンと音がこだまし、龍馬の面が決まった。重太郎は「ふ、不覚」とひざを折った。

「え、わしの勝ちか」

「ちょっとずるいけど、坂本さんの勝ちです」

さなが、龍馬と目をあわせずに言った。

龍馬が重太郎の真意を知ったのは、稽古が終わったあとだった。

重太郎は龍馬を自室に呼ぶと、「たのみがある」と、額が畳につくほど深々と頭を下げた。

「さなと夫婦になってくれないか」

「わ、わしとさなさんが結婚？」

龍馬は、両目が飛び出るほどおどろいた。

「そうだ。さなは一目会ったときから坂本君にほれていたというんだ」

「ちょ、ちょっと待ってくれ、重太郎さん。さなさんはわしとはじめて会ったとき、鬼のような形相でわしをにらんできたんだぞ」

「それは、一目ぼれしそうだったからわざとそうしたらしい。結局、ほれてしまったらしいがな。どうだ、坂本君。さなを嫁にもらってはくれないか。土佐のご実家や藩には、わしと父上からたのんでもいい。わしと父上も坂本君に婿になってほしいと願っているんだ」

「いや、し、しかし、急にそんな話をされてもこまる」

さなは器量がいいし、性格もまっすぐですてきな女性だ。だが、嫁をもらうなど、いまの自分には考えられないことだった。

「わしはまだ男として半人前じゃ。この先、やりたいこともある。さなさんの気持ちはうれしいけど、結婚はできない」

「そうか。だが考えておいてはくれないか。返事は急がなくていい」

重太郎は、あきらめきれないらしく、そう言った。龍馬は「わかった」と返事をするほかなかった。

――それにしても、まさかさなさんがわしのことを想っていてくれていたとは。

どきどきしている胸をしずめようと自分に言い聞かせていると、「坂本君」と重太郎が呼んだ。

「坂本君がこの先やりたいこととは、なんなんだ。よければ聞かせてくれないか」

「それが、こまっているんじゃ。どうしたらよいかわからなくてな」

「どうしたらよいかわからないのに、やりたいのか」

「うん、やりたい。まあ、そのうち話すぜよ」

重太郎は「そうか」とうなずくと、それ以上は聞いてこなかった。

7 安政の大獄

千葉道場での稽古はつづいた。

いつしか二年の時が流れていた。龍馬は剣の上達がみとめられ、塾頭となっていた。安政四年（一八五七年）の十月に土佐藩邸で行なわれた流派対抗の剣術試合には、千葉定吉道場の代表として参加した。

年が明けて安政五年（一八五八年）になると、定吉から北辰一刀流を身につけた証である「目録」が与えられた。もはや、どこにいっても立派な剣術の先生であった。

土佐へ帰る日も、だんだんと近づいていた。

そんなある日、龍馬は半平太にさそわれ、長州の桂小五郎や他藩の武士たちがあつまる会合の場に出た。

「聞いたか。彦根藩の井伊直弼が大老になるそうだ」

桂の一言に、半平太をはじめ、居ならんだ男たちはみんな「なにっ」と色めきたった。

「それでは攘夷など遠くなるばかりではないか！」

「井伊は大老になって、ふたたび幕府の力を強めようとしているのではないか」

「それでは水戸も福井も薩摩も、雄藩は出る幕がなくなってしまうぞ」

口々にさけぶ男たちに向かって、「あのう」と聞いたのは龍馬だった。

「大老というのは、なんぜよ。どうして井伊直弼がその大老とかいう役につくと、攘夷どころではなくなってしまうんじゃ」

桂も半平太も、ほかのみんなも「そんなことも知らんのか」とあきれた顔をした。

「いやあ、ここのところ剣術の稽古にいそがしくて、世の中にうとくなっていたんじゃ」

照れながら言う龍馬に、桂が説明してくれた。

「大老というのは老中よりも上の、幕府では将軍に次ぐ地位です。政のすべてを行なう権限を持っていると考えるといい。そして井伊直弼は、幕府に昔のような力を取りもどさせようとしている。もし井伊が大老になれば、そのためになんでもやるだろう」

徳川幕府が開かれて二百五十年、いまの幕府にはかつてのような力はない。

黒船の来航が、それを証明した。これまで幕府は政においては、すべて老中をはじめとする幕府の重臣だけで決めてきた。だが、黒船が来航するや、あわてふためいた幕府は日本中の大名や公家に「いったいどうすればいいか」と相談を持ちかけた。

そこで力をふるいはじめたのが、徳川御三家のひとつである水戸藩や、親藩大名である福井藩、外様大名の薩摩藩など、全国の大名のなかでもとくに力のある「雄藩」と呼ばれる藩だった。そして、その多くは開国をやむなしとしながらも尊王攘夷をうったえていた。

「井伊のことだ。水戸も福井も追い落として、開国をすすめるにちがいない。それどころか、次の十四代将軍も自分の推す紀州藩から出すだろう」

「井伊のやりたい放題になるということか」

さすがにここまで聞くと、龍馬にも事の重要さが理解できた。

「そうだ。われわれ勤王（尊王）派、攘夷派にとってはきびしい時代となるだろう」

桂の言うとおりだった。

井伊直弼は大老になると、孝明天皇の許しを得ないままアメリカとの日米修好通商条約に調印した。それどころか、皇族や公家から下級武士にいたるまで、開国に反対する人々を次々と捕らえ、刑に処していった。水戸藩主の徳川斉昭や、その息子で後に十五代将軍となる一橋慶喜、福井藩主の松平春嶽など反対勢力の大名も謹慎処分にした。直弼のこうした行動は「安政の大獄」と呼ばれることになる。

「おのれ、井伊め」

江戸の町は、大老の横暴を呪う声にあふれていた。いつもはあまり政にふれない重太郎までが「大老はやりすぎだ」と怒りをあらわにしていた。

そうしたなか、龍馬は土佐へと帰ることになった。

「もう少し江戸にいて、世の中を見ていたかったんじゃけどな」

土佐藩士である以上、藩の定めた滞在期間をすぎてまで江戸にいることはできなかった。

故郷への帰り道、龍馬の頭にあったのは、なにが正しくて、なにがまちがっているか、この二つだった。

日本は、とうとうアメリカの要求に屈して「日米修好通商条約」を結んだ。異国の言いなりになってしまったことはくやしくてしょうがない。

けれど、この条約によって、アメリカと交易ができるようにもなった。

攘夷も大事だが、船を持って交易をするには開国していなければならない。だとすれば、井伊直弼のやっていることはまちがってはいない。

——でも、自分と意見がちがうというだけでだれも彼もを罰するというのは、あまりといえばあまりじゃ。

二年ぶりに踏む故郷の土。

しかし、龍馬の心は晴れなかった。


長州の吉田松陰が処刑されたのは、翌年(安政六年・一八五九年)のことだった。

アメリカに密航しようとして捕らえられた松蔭は、その後、長州にもどり、松下村塾を開いて、久坂玄瑞や高杉晋作などの弟子たちにその攘夷思想を教えていたが、「安政の大獄」がはじまると江戸に連行され、危険思想の持ち主として斬首されてしまったのだった。

——桂さんたちは、さぞやくやしがっているだろうな。

同じ年には、龍馬たち土佐藩の主である山内容堂までが藩主の座を追われ、江戸で隠居、謹慎の身となってしまった。容堂は、水戸藩の徳川斉昭らとともに一橋慶喜を次期将軍候補にしようとしていたため、直弼ににらまれてしまったのだった。

次の年の安政七年（一八六〇年）になると、日本の開国は完全に後もどりできないところまできた。一月に、幕府の代表団を乗せたポーハタン号が、幕府の軍艦である咸臨丸とともに太平洋を横断し、アメリカに渡った。代表団は首都ワシントンでブキャナン大統領に会い、日米修好通商条約の批准書を交換した。

流れが変わったのは、この年の三月三日だった。

大老・井伊直弼が暗殺された。

井伊を殺したのは、尊王攘夷派の水戸藩士たちだった。

十八名の暗殺者たちは、江戸城の桜田門の外側で、城へ向かう途中の直弼の行列に襲いかかり、駕籠のなかにいた大老を殺害した。これにより、「安政の大獄」は幕を閉じた。

江戸幕府の最高権力者が、わずか十八人の襲撃であっさり倒されてしまったことは、幕府の力がいかに弱ってきたか、はからずもそれを証明することとなった。

──やっぱり、大老はやりすぎだったんじゃのう。

こうした事件のすべてを、龍馬は土佐で耳にした。

8 土佐勤王党

武市半平太が数年ぶりに江戸から土佐へともどってきた。

「龍馬、おんしも土佐勤王党に加わってくれ」

坂本家をたずねてくるや、半平太はそう言った。

「土佐勤王党、なんじゃやそれは？」

「いよいよ尊王攘夷を決行するときがきたんじゃ。そのための同志をわしが江戸でひそかにつのった。それが土佐勤王党よ」

半平太は、同志をこの土佐でも広く集め、藩を動かそうとしていたのだった。

「龍馬、おぼえているか。いつかこの武市半平太が土佐をかえてやると言ったのを。そのときがいまだ。これからはわしら土佐勤王党が土佐をひとつにまとめ、京の帝をもり立てて、幕府を動かしていくんじゃ。龍馬、おんしも力を貸してくれ」

「貸すもなにも、わしの力なら売るほどあまっているぜよ」

うそではなかった。この年、文久元年（一八六一年）、龍馬は二十七歳になっていた。

土佐に帰って二年、剣術の稽古をしたり、蘭学や砲術を学んではいたものの、かつて河田小龍に語った船を持つ夢は一歩も前進していない。

退屈そうにしている龍馬に、権平や年上の親戚たちは「嫁をもらって身をかためろ」とすすめたが、龍馬自身はとてもそんな気にはなれなかった。

「江戸では千葉道場のさなさんと縁談があったんだろう。それをどうしてことわった」

説明してもわかってもらえないだろうと、龍馬は言われても聞こえていないふりをした。

「おんしがはっきりせんから、平井のところの加尾も京都に行ってしまったではないか」

平井加尾というのは乙女の友達で、江戸に出る前の龍馬の初恋の相手であったが、これも京都の三条家に奉公するため土佐を出ていってしまっていた。

ただひとり、乙女だけは「まあ、いいでしょう」と弟にあまかった。

「龍馬はきっと、なにか大きなことをしようと思っているんでしょう。いまはそのときにそなえて、力をたくわえているときなんよ」

姉上だけはわかってくれている、と龍馬は思った。

半平太のさそいは、乙女が言った「そのとき」なのかもしれない。

「わかった、武市さん」

龍馬は答えた。

「わしも土佐勤王党に入る。おもいっきりはたらかせてくれ」

「おう、江戸で千葉定吉道場の塾頭にまでなったおんしが入ってくれれば、あとにつづく者もふえよう。まずは仲間を百人、二百人とふやし、土佐藩全体を土佐勤王党がひっぱるようにするんじゃ」

「なるほど。身分の低い下士とはいえ、大勢あつまれば力にはなるのう」

「そうじゃ。いまの土佐は、上士たちは幕府の方針にしたがって攘夷を口にできんでいるが、下士の間では尊王攘夷は当たり前じゃ。熱い志を持っているほうが人間は強いものよ」

半平太の話では、藩政に力を持つ有力な上士たちもすでに協力を約束してくれているという。藩の実権をにぎってしまえば、前藩主の容堂が江戸で謹慎中のいま、若い藩主である山内豊範をうごかすのはむずかしくない。

「わしは豊範様に京都にのぼってもらい、朝廷にはたらきかけてもらうつもりだ。朝廷から幕府に攘夷を決行するよう勅使をつかわしてもらうんじゃ。幕府が言うことをきかぬなら、政は朝廷にかえしてもらう。王政復古だ」

「王政復古？」

「そうだ。攘夷をせぬような幕府はいらぬ。帝のもと、我ら志士が一丸となって幕府を倒し、異人をこの国から追いはらうんじゃ」

「ば、幕府を倒すじゃと？」

「問題は容堂公に藩政をまかされた吉田東洋様じゃ。このお方をうんと言わせなければ土佐藩は動かせない。吉田様は開国派で公武合体派だ。われわれの尊王攘夷とは相いれない考えをお持ちだ」

「公武合体とはなんじゃ」

「公は朝廷、武は幕府だ。幕府はわれわれ尊王攘夷派が動き出す前に、朝廷との結びつきを強めようとしているのよ。幕府は帝の妹君の和宮様を十四代将軍の奥方にむかえるつもりだ」

「そうか」

龍馬はこくりとうなずいた。そして言った。

「で、武市さん、わしは、坂本龍馬はなにをすればええんじゃろうの」

明けて文久二年（一八六二年）の一月、龍馬は生まれてはじめて目にする日本海の岸辺に立っていた。

「土佐にくらべると、しずかな海じゃのう」

風が吹けば荒れるのは同じだろうけれど、ひっきりなしに高い波が打ち寄せる土佐の海にくらべると、ここ萩の海はおだやかに感じられるのだった。

萩は長州藩三十六万石の城下町だ。龍馬のいる浜からも海に面して建つ萩城の天守が見えた。

龍馬の懐には、半平太からたくされた手紙があった。半平太は、尊王攘夷を決行するのに土佐藩だけではなく、長州藩を仲間にしようと考えていた。そこで、長州藩の尊王攘夷派の代表格である久坂玄瑞に自分の考えを伝えようと、龍馬を使いに出したのだった。

「おお、わざわざ土佐からお越しとは。おあがりくだされ」

久坂は、自宅にたずねてきた龍馬を大歓迎してくれた。

「なになに、土佐はまもなく土佐勤王党が実権をにぎることになるじゃと。武市殿はたいしたお方だのう。長州もはやく藩論をひとつにまとめ、兵をひきいて上京されたし、か」

半平太からの手紙を読むと、「うーん」と久坂はうなり、いきなり「すまん！」と龍馬にあやまってきた。

「坂本さん、長州はすぐにはひとつにまとまらん。お偉方のなかには幕府の公武合体に賛成する声が多い。桂さんががんばってくれてはいるが、藩を動かすにはまだ時間がかかる」

言うと久坂は「くっそー」とこぶしで床をたたいた。

「お偉方は吉田松陰先生のことも守らずに、処刑されるのを承知でむざむざ幕府に渡してしまった」

聞いたところでは、久坂玄瑞の妻は吉田松陰の妹だということだった。義理の兄を殺されたくやしさはひとしおだろう。

「いや、久坂さん。藩がひとつにまとまらないのは土佐とて同じじゃ。武市さんはすぐにでもと書いているようだが、土佐藩には吉田東洋様という参政がおられる。このお方が邪魔になって、土佐勤王党は思ったように動けんでいるのじゃ」

「吉田東洋？　それなら心配御無用と武市殿は書いておられるぞ」

「心配御無用ですと。武市さんはなにを考えておるんじゃろう」

一瞬、いやな予感がした。結成以来、土佐勤王党は仲間や協力者をどんどんふやしている。が、吉田東洋とは意見が合わないままでいた。

「土佐もそうであるなら、残った手はひとつだ」

久坂は「坂本さん、わしはことによっては長州をすてる」と言った。

「江戸や京や、諸国にいる志士をあつめ、攘夷を決行するんじゃ。もう藩になどたよっていられるか」

「諸国の志士をあつめるか。そんな手もあったか」

龍馬が感心していると、久坂はニヤッと笑った。

「長州だ土佐だと言っている場合ではない。志をひとつにする者があつまり、日本を異国から守るんだ。武市殿にもそう伝えてくれ」

「もちろんじゃ」

目の前にいる久坂は龍馬より四歳年下だ。しかし、藩にとらわれないという考え方は龍馬の先をいくものだった。

久坂から返書をもらった龍馬は、いそいで土佐へと帰った。

9 脱藩

「斬るぞ。斬るしかない！」

「そうじゃそうじゃ、邪魔者を斬って土佐を尊王攘夷一色にそめるんじゃ！」

龍馬が土佐にもどってみると、とんでもないことになっていた。

半平太たち土佐勤王党の仲間が、吉田東洋を暗殺しようと相談をかさねていたのだ。

「みんな、ちょっと待ってくれ。そんなことをせんでもいい方法がある」

龍馬は萩で久坂玄瑞から聞いた「諸国の志士をひとつにまとめる」という話をして、久坂からの手紙を見せたが、半平太たちは聞くだけ聞いて、その意見をしりぞけた。

「龍馬、久坂さんの話は夢物語だ。自分の藩ひとつまとめられないで、他藩の志士をひとつにできるものか」

「だからといって、吉田東洋を斬ればいいという話ではないじゃろう」

「いや、あやつはわしらの動きをことごとく邪魔してきた。もはやがまんがならない」

それに、と半平太はつづけた。

「吉田の家は、もとをたどればわしらと同じ長宗我部の家臣だった。大坂の陣でも豊臣に味方して徳川と戦ったほどの武士じゃ。その武功がみとめられて、敵となった罪も問われずに山内家に取り立てられたんじゃ。それがいまではわしらを虐げる上士の頭目となっている。これが許していられるか」

「そうじゃそうじゃ！」

仲間たちは吉田東洋への怒りに頭から湯気を出している。関ケ原合戦以来、二百五十年に渡る上士に対するうらみが爆発寸前まできているといった感じだった。

それにしても、長宗我部だの大坂の陣だのと、半平太たちはいつの話をしているのか。

――土佐藩にこだわっているから、こんな古くさい考えになってしまうんじゃろうな。

なにかがちがう。自分の思っていることと土佐勤王党が進もうとしている道は、どこかでずれている気がする。

――おさななじみの武市さんのさそいだから入ったが、ここにわしの居場所はないかもしれないな。

龍馬は談合の場である半平太の道場を出ると、ひとり高知の町を歩いた。

考えながら歩くうち、いつしか足は桂浜の方角へと向いていた。桂浜は、子どものころからいく度となくかよった場所だ。

浜へとつづく道を歩いていると、「おーい」と後ろから呼ぶ声がした。ふりかえった龍馬は、追いかけてきた人物を見て「おっ」と声を出した。

「坂本さん、待ってくれ」

小走りで駆けてきたのは、土佐勤王党の同志である中岡慎太郎だった。

「もっと話を聞きたいと思っていたのに出ていってしまうんだからな。あわてて追いかけてきたんじゃ」

息を切らしている慎太郎は、ニコッと笑った。慎太郎とはあまり親しくないが、龍馬はその笑顔に自分も笑顔でこたえた。

「これから桂浜に行くんじゃ。よかったらいっしょに行こう」


桂浜に着いた二人は、松の木陰で寄せ来る波を見ながら語りあった。

「坂本さんはどう思う。わしは久坂玄瑞の言っていることには一理あると思うんじゃ。逆に、武市先生の言っていることにも納得できる。どうしたもんじゃろうな」

慎太郎の話を聞いて、龍馬は、この男もわしと同じで悩んでいるんじゃな、と思った。

「ということは、中岡は吉田東洋を斬ることには賛成か」

「武市先生が考えに考えぬかれた末の結論じゃ。反対するつもりはない。大老の井伊直弼も斬られた。斬られるには斬られるだけの理由があるものだ」

「そうか。中岡、わしは江戸で北辰一刀流の目録をもらった。自分で言うのもなんだが、けっこう使えるはずじゃ。しかし、人を斬るのは好かん。自分の身を守るとき以外、刀はぬきたくない」

「ははは。坂本さんはよくそれで攘夷をするつもりだな。異人は斬らぬのか」

「ひとりでも斬ったら戦になる。それは避けたいのう」

「坂本さんのように黒船をその目で見たら、そんな考えになるのかな。坂本さん、わしはこれから江戸に行き、ついでに信州にいる佐久間象山先生に会おうと思っているんじゃ」

おお、そりゃあええ、と龍馬はうなずいた。

「実はわしが考えていることの半分くらいは佐久間象山先生の受け売りじゃ。もう半分は河田小龍先生じゃ。お二人とも、攘夷をしたければまずは異国に学べというお方たちじゃ。河田先生にはおんしも会ったことがあるだろう」

「ああ、わしは開国には反対だが、開いてしまったものはしかたがない。ただ、いまの幕府の異国とのつきあい方は弱気すぎてどうにもがまんがならん。いったいどうすりゃええか、象山先生によく聞いてみるつもりじゃ」

話しているうちに、龍馬には慎太郎が人の話に耳をかたむける人間だということがわかってきた。

「中岡、いや、慎太郎」

龍馬は慎太郎を名前で呼んだ。

「さっきの問いに答える。久坂さんが正しいか武市さんが正しいか、わしにはよくわからん。ただ、どっちの意見に心がひかれるかといえば久坂さんのほうじゃ。大志をなすにはせまいところにいてはいかん気がする。吉田東洋ひとりを斬ってなんになる。おんしも土佐から出れば、それがわかると思うぜよ」

「坂本さん」

「龍馬でええ。わしも呼びすてにさせてもらった」

「では、龍馬。わしがなぜおんしを追いかけてきたかわかるか」

「なんでじゃ?」

「なんか、こう、ぴんときたんじゃ。近ごろの土佐勤王党は吉田東洋をどうするとか、そんな話ばかりでうんざりしていたところじゃ。そこにおんしが長州から帰ってきて、さっきの話になった。みんなはそっぽを向いたが、わしはこうして追いかけてきた。わしのなかのなにかがおんしの言葉にひびいたようじゃ」

——中岡慎太郎か。

自分とは少しちがうが、似たような考えを持ち、同じように悩んでいる男が土佐勤王党にもひとりいた。

それが龍馬にはうれしかった。


「龍馬、あんたなにを考えている」

自宅の居間で大の字になって寝ている龍馬に、乙女が問いかけてきたのは、龍馬が長州から帰って一ヶ月がすぎたころだった。

「おお、姉上、いっしょに昼寝でもするか」

「こら、とぼけんな」

乙女の右足が、ぱしっと龍馬の袴をけった。乙女は龍馬の横に腰をおろすと言った。

「ここのところずっとこんな調子でぼーっとしているっていうじゃない。なにを考えているか、言ってみな」

「その前に、姉上、わしの刀を見なかったか。今朝から見当たらんのじゃ」

「おおかた兄上が蔵にでもしまいこんだんでしょう。あんたのことを心配しているのよ。龍馬は長州からもどってからこっち、ずっとなにかを思いつめとるようじゃ、おんしからきいてみてくれ、と言われたんよ」

「そうか。姉上にはかくしごとはしたくないからのう」

龍馬は、のっそりと起き上がった。

「姉上、わしは土佐から出るぜよ」

「どこに行く気。また長州、それとも江戸？」

「どこかわからん。しかし、これ以上、土佐にいる気はない。藩からもぬけて、自由の身になって、志を果たす」

「藩からぬけたら罪人あつかいだよ。二度と土佐へは帰れんよ」

「もとより覚悟の上じゃ。わしは土佐から出て、広い世界で生きる。いずれは自分の船を持ち、異国を相手に交易をする。そのためには土佐藩にも、土佐勤王党にもしばられているわけにはいかんのじゃ」

本気だった。あれからずっと考えていたことだった。

半平太は、龍馬がいくら反対しても吉田東洋の暗殺をやめようとはしない。仲間たちも同じだった。慎太郎などごく一部の者をのぞけば、土佐勤王党はがちがちに頭がかたくなった頑固者の集団と化していた。

――もはや土佐勤王党にわしという人間は必要ない。

仲間たちには裏切り者あつかいされるかもしれない。それでもいい、と龍馬は思った。

――土佐を脱藩しよう。

いつしか気持ちは、そうかたまっていた。

弟の真剣なまなざしに、だまって話を聞いていた乙女はすっくと立ちあがった。

「ちょっと待っていなさい」

しばらくすると、乙女は見たことのない刀と大きな巾着袋を持ってあらわれた。巾着袋のなかには、金貨や銀貨がぎっしり詰まっていた。

「姉上、この金と刀は？」

「餞別よ。刀は坂本家伝来の名刀・陸奥守吉行。兄上から龍馬の話を聞いて、納得できたなら渡せと言われていたの」

「兄上が……」

「あんたが脱藩をくわだてていることは、兄上も気づいていたんよ」

乙女は、くすっと笑うと龍馬の背中をたたいた。

「さあ、しゃきっとしなさい。発つ前に、父上と母上の墓参りだけはしときなさいよ」

「わかった。姉上、ありがとう」

数日後、龍馬はひそかに伊予との国境をこえて、土佐を出た。

——わしは自由じゃ。

これからは上士も下士もない。土佐藩士でもない。ただ、一人の人間としてなにができるか、世界にぶつかっていくのだ。

国境の山道を歩きながら、身震いする龍馬だった。

10 勝海舟との出会い

「坂本君、四年ぶりだな！」

千葉重太郎の大きな声が道場にひびいた。

「坂本さん、おひさしぶりです」

さなの声もはずんでいる。

「いやあ、重太郎さん、さなさん、世話になります」

「なんの。また会えてうれしいよ。我が家でよければいくらでも滞在してくれ」

土佐を出て数ヶ月、長州など諸国を旅した龍馬は、三度目となる江戸にきていた。脱藩した以上、土佐藩の屋敷には近づくことすらかなわない。たよりにしたのは、古巣である千葉道場だった。

再会によろこんでいた重太郎とさなは、龍馬の脱藩を知ると、さすがにおどろいた。

「脱藩とは、よほどの覚悟があってのことなのですね」

緊張した顔で、さなはたずねてきた。

「坂本さんは、この江戸でなにをされるつもりなのですか」

龍馬はうなずくと答えた。

「人です。わしは人に会いたい。いろんな人に会って、意見を聞き、自分の考えをひろめたい。そう思って江戸にやってきたんじゃ」

この半年というもの、龍馬は各地でさまざまな人に会ってきた。会えば会うほど、あたらしい知識や知恵を身につけることができた。

「そうか、人か。ならばよい人がいる。会ってみないか」

重太郎があげた名前に、龍馬はおどろきのあまり飛びあがりそうになった。

「松平春嶽じゃと？　越前福井藩のお殿様じゃないか」

「そうだ。井伊直弼が大老であったころは追いやられていたが、いまは幕府の政治総裁職についておられる」

「そんな偉いお方が、わしのようなどこの藩にも属しておらん者に会ってくれるかのう」

いろんな人に会ってきた龍馬も、さすがに大名と会うのははじめてだった。土佐で言えば、郷士の自分が山内容堂に会うようなものである。

「大丈夫じゃ」と重太郎は胸をたたいた。

「春嶽公は、身分の上下にかかわらず、だれにでも気さくに会ってくれるお方じゃ。わしが紹介状を書くから屋敷をたずねてみるといい」


いかに北辰一刀流桶町道場の紹介とはいっても、越前三十二万石の大名が本当に会ってくれるのか。しかも春嶽は、八代将軍吉宗の血を引く親藩大名だ。半信半疑で福井藩邸をたずねた龍馬だったが、松平春嶽はすんなりと部屋に通してくれた。

「ほーお、そなたは土佐を飛び出してきたというのか」

目の前にあらわれた春嶽は、三十代半ばの、まだ若々しさが残る人物だった。

「聞くところによると、土佐では参政の吉田東洋が何者かに暗殺されたそうだな」

「はい」

春嶽の言うように、龍馬が脱藩した直後、吉田東洋は土佐勤王党によって斬り殺されていた。刺客を送りこんだのは半平太だった。

「いまの土佐は尊王攘夷一辺倒で、わしには居場所がありません」

龍馬は口をひらいた。

「たしかに異国からは日本を守らねばなりませんが、そのためには先に異国から学ぶ必要があると思うのです」

日本の海防を強化するには、黒船のような大きな船がいる。そのためには異国と交易をし、じゃんじゃん金をかせがなければならない。こうした龍馬の意見を聞いた春嶽は
「ふっ」とほほ笑んだ。

「坂本、そなたは私と同じじゃな。私は九年前、黒船がはじめてきたときは攘夷派だった。だが、よくよく考えるとそれではどうにもならんと気づき、開国派に転じた。ただし、いまでも心の底には攘夷の気持ちが残っている。異国があまりに日本をあなどるようであれば、いずれ一戦を交える日が来るかもしれぬ、と、日々そう考えて政にあたっている」

自分は開国派だが、同時に攘夷派でもある。

春嶽の言葉に、龍馬は「そうか」と思った。

――どっちか片方でいなきゃならん決まりなど、どこにもないんじゃ。かた苦しい考えにとらわれているから、そうなるんじゃ。

「坂本、そなたは黒船を見たことがあるか」

「はい、見ました」

「どう思った」

「あれに乗りたい、あの船がほしいと思いました」

答えると、春嶽は「ははは」と声をたてて笑った。そしてこうすすめてきた。

「ならば、勝海舟のところに行くがよい」

「勝海舟？」

「幕府海軍をたばねている男だ。きっとうまがあうはずだ」

言うと、春嶽はすぐに紹介状を書いてくれた。

勝海舟は、幕府の旗本で軍艦奉行並という奉行に次ぐ海軍の責任者であった。二年前には日本の使節としてアメリカに渡った経験をもっていた。

――ふう、越前三十二万石のお殿様のあとは、軍艦奉行並か。いったいどうなっちょるんじゃ。

ひっそりと土佐を脱藩した数ヶ月前がうそのようだった。いまや自分の手もとには幕府の政治総裁職の紹介状がある。どうやら江戸にきたのは正解のようであった。

ほどなくして龍馬は、もう会えぬだろうと思っていた半平太とも再会した。

「龍馬、わしは勅使（天皇の使者）のともとして江戸にきたんだ。天子様の命により、幕府に攘夷を約束させるためじゃ」

吉田東洋暗殺後、土佐藩の実権をにぎった半平太は藩主・山内豊範を京都に上らせ、朝廷から幕府に攘夷をさいそくするための勅使を派遣させることに成功していた。半平太は自分にだまって脱藩した龍馬を責めることもなく、「これで日本から異国を追いはらうことができるぞ」と、意気揚々だった。

半平太の江戸滞在中、龍馬はやはり江戸にきていた長州藩の久坂玄瑞や高杉晋作とも会った。

「坂本さん、ひさしぶりだな。こっちは高杉晋作、わしの同志です」

久坂の横には、ざんぎり頭をした青年がいた。うわさに聞いていた高杉晋作だった。

「土佐の坂本龍馬です。土佐の、といっても脱藩した日陰者ですが」

龍馬の身の上を聞いた高杉は「へえ」と笑った。

「なら坂本さんは自由の身ってわけだ。おまけに北辰一刀流の使い手ときた。どうです、僕たちといっしょにひとつ仕事をしませんか」

「仕事とはなんですか」

「イギリス公使を待ちぶせしてぶった斬るんです」

まるで花畑に花をつみにいくといったような、あっけらかんとした口ぶりの高杉に龍馬は面食らった。

――こりゃあまたゆかいな人じゃ。でも、わしは人を斬りたくはない。

「まあ待て、高杉さん。そういうことは幕府が攘夷令を出してからでいいだろう。幕府が攘夷を約束さえすれば、大手をふって異人を斬ることができるんじゃ」

半平太がさえぎると、高杉と久坂も「それもそうだな」とうなずいた。

本音を言うと、龍馬自身の心はもはや攘夷からははなれている。

それでも、久坂や高杉の発する熱にふれるのは刺激になった。

――みんな考え方はそれぞれだが、日本を思う気持ちはひとつじゃ。

数日後、龍馬は重太郎とともに赤坂にある勝海舟の屋敷をたずねた。春嶽に紹介状を書いてもらったと伝えると、重太郎が「いっしょに行きたい」と言い出したのだ。

「勝といえば、アメリカに行ってすっかり西洋かぶれになったというじゃないか。どんな話をするのか聞いてみたい。あまりバカなことを言うようなら斬りすててやろう」

どこまで本気なのか、重太郎の軽口を聞きながら屋敷の門をくぐってみると、勝海舟本人が出むかえてくれた。

「お前さんたちかい、俺に客ってのは。春嶽公の紹介状を持ってきたって？　ははあ、さしずめ俺を油断させて斬ろうって魂胆だな」

道すがら話していたことを当てられて、龍馬と重太郎はかたまってしまった。

「冗談だよ。まあ、そうかたくなりなさんな。あがれよ」

勝は町人のような口ぶりで龍馬と重太郎を自分の居室へとまねき入れた。

――なんじゃ、この勝海舟という人は。

春嶽もそうだったが、勝もまたいままでに会ったことのないような人物だった。

――これで幕府の軍艦奉行並なのか。ちっとも偉ぶるところがない。

「こりゃあすごい」

入ってみた勝の部屋は、龍馬が見たことのないものであふれかえっていた。西洋の書物に、時計や地球儀、ほかにもなにに使うのかわからない物がところせましと置いてある。

「みんなアメリカから持ってきたもんさ。で、坂本君に千葉君だっけ、この勝海舟に、どんな話が聞きたくてきたんだ」

「勝先生はアメリカに行かれました。アメリカとはどんな国なのですか。アメリカではみんなが入れ札でプレジデントといういちばん偉い人を決めると聞いていますが、本当なのですか」

龍馬がたずねると、勝は「へえ。お前さん、よく知っているな。じゃあ教えてやろう」と、二年前に使節団の一員としておとずれたアメリカの話をはじめた。

勝の口から聞くアメリカは、とほうもない国だった。

港には、大きな船が何十隻も出入りしている。陸には黒船のように煙をはく蒸気機関車が走っている。町の商店では、さまざまな工業製品が売られている。人々はゆたかに暮らし、子どもたちはみんな学校にかよっている。

日本とのあまりのちがいに、龍馬も重太郎も言葉が出なかった。

「アメリカだけじゃない。イギリスもフランスも西洋の国はみんなそうさ。それに、どの国も強い海軍を持っている。そんな国に攘夷だなんだとけんかを売って勝てると思うかい」

「刀ではかないませんな」

くやしそうに重太郎がつぶやいた。

「ああ、剣術は己をきたえるにはいいけど、大砲や鉄砲にはかなわない。異国に勝つにはこっちも強い海軍を持つしかないな」

――やはりこの人も、わしと同じ考えのようじゃ。

けれど、龍馬は思った。

――わしとこの人とでは大きなちがいがある。この人はわしのように夢ばかり描いているわけではなく、船に乗り、アメリカに行っている。そして海軍をつくろうとしている。

それから勝は、これからの日本が進むべき道を説いた。

異国と積極的に交易をし、国をゆたかにし、力をつけなければいけない。勝の言葉は、河田小龍も佐久間象山も語っていたことではあった。しかし、実際にアメリカに行っただけあって説得力と迫力がちがった。

――これじゃ、この人ぜよ。わしが会いたかったのは、この人だったんじゃ。

「勝先生！」

がまんできずに、龍馬はさけんだ。

「わしを、この坂本龍馬を弟子にしてください！」

「弟子？　お前さん、土佐の侍だろ」

いきなりの申し出に、さすがの勝もきょとんとなった。

「土佐藩からは脱藩しました。わしは自由の身です。だからぜひ弟子にしてください」

「そうかい。坂本君、お前はおもしろいやつだな。俺は弟子なんてもんは持ったことはないけど、なりたきゃ勝手になりな」

「ありがとうございます！」

やった。龍馬は天にものぼる気分だった。

「そうそう、ちょうどいいや。神戸にな、幕府の海軍操練所をつくろうと思っているんだ。ここで航海術を学ぶ若いやつらをあつめなきゃならないと考えていたところさ。お前さん、その操練所に入るといいよ」

「喜んで入ります。わしに手伝わせてください」

興奮している龍馬の横で、重太郎が「しかし」と言った。

「坂本君は土佐を脱藩した身です。幕府の海軍操練所に入ることなどできるのでしょうか」

すると勝は「わはは」と笑った。

「旗本の俺が言うのもなんだがな、いまの日本は幕府だけでは立ちゆかない。海軍操練所は入りたい者はだれでも入れる。幕府だのなんとか藩だのと言っている時代じゃないんだよ。日本はひとつにならなきゃいけねえんだ」

勝は、海軍操練所でたんに海軍をつくるだけでなく、そこで造った船で異国との交易をしようと考えていた。

「むしろ俺はそっちが大事と思っているよ。異国が日本に来るのなら、こっちも向こうに行かなきゃな」

勝の言葉に、龍馬はますますおどろいた。

——勝先生の考えは、この国のだれよりもすすんでいる。

黒船を目にしてから十年近く、どうすればいいのかわからずに霧のなかを歩いているような気分だった心が、一気に晴れていくようだった。

その夜、千葉道場に帰った龍馬はさなに呼びとめられた。

「兄から聞きました。坂本さんがやりたかったことというのは、こういうことだったんですね」

さなは、少しさびしそうに、しかしやさしい目で言った。

「どうかご自分の道を進んでください。かげながら私も応援しています」

「ありがとう、さなさん。きっとやりとげてみせます」

龍馬は心から礼を言った。

11 人を動かす力

勝海舟は、弟子となった龍馬をかわいがってくれた。

「操船技術をおぼえるには乗るのがいちばんだぜ」と、さっそく幕府の新鋭蒸気船『順動丸』に乗せてくれた。

『順動丸』は江戸と大坂との間を数回往復した。その間に龍馬は大型船をあやつる術を習得した。自分の船ではなかったが、夢のひとつであった西洋式の船に乗るという目標を果たしたのだ。

それだけではなかった。

年がかわって文久三年（一八六三年）のことだった。

「脱藩者の身分じゃ肩身がせまくていけないだろう」

龍馬を海軍操練所の塾頭にしようと考えていた勝は、脱藩の罪を解いてほしいと、なんと江戸の土佐藩邸にいる山内容堂にかけあってくれた。

「容堂公は承知してくれたぜ。いままでは江戸の土佐藩邸に近づくこともできなきゃ、土佐に手紙を出すこともできずにいたんだろう。これからは全部できるぞ」

龍馬はさっそく動いた。江戸にいた土佐藩の仲間に声をかけ、勝海舟の門下に入らないかとさそった。土佐の河田小龍にも手紙を書き、かねての約束のとおり、船を手に入れる日も近づいてきたので、神戸の海軍操練所に入ってくれそうな者を紹介してほしいとたのんだ。

その少し前、江戸では建設工事のすすんでいたイギリス公使館が何者かによって焼き討ちされた。首謀者は長州藩の高杉晋作や久坂玄瑞ではないかといううわさだった。

——久坂さんたち、とうとう攘夷に動き出したのかのう。

気持ちはわかるが、これで本当に異国と戦争にでもなったらおおごとだ。龍馬の気持ちは複雑だった。

人にも会った。

勝は「話すと勉強になる」と、松平春嶽の顧問である横井小楠や、幕府の役人で開国派の大久保一翁と会うことをすすめてくれた。

横井小楠は龍馬に「もう幕府だけでは政はできない。広く公共から優秀な者をあつめて国を動かすべきだ」と説いた。

大久保一翁は、龍馬が真剣に日本のことを考えていると知ると「問題は朝廷だ」と言った。

「朝廷はまだ攘夷を唱えているが、それは無理な話だ。開国がどれだけ必要かをお伝えし、それでもわかってもらえなかったら大政奉還すればよい」

「大政奉還ですと？」

聞きなれない言葉に、龍馬は耳をうたがった。大政奉還とは、幕府が持っていた政の権限をすべて朝廷にかえすということだった。つまり、幕府という行政組織がなくなるということだ。

「ああ、そうだ。政をおかえしするから、あとは朝廷でやってくださいということだ。そうすれば朝廷も少しは現実と向きあってくれるだろう」

「徳川幕府はどうなるんですか」

「幕府は消えても日本は残る。横井小楠殿が申されるように、あとは日本中から賢者を登用して政を行なえばよい」

――まったく、おどろかせてくれるお方たちじゃ。

政治総裁職の顧問や、幕府の役人がこんなことを言っているのである。

――これはもしかしたら、時代が変わるかもしれん。

そうしているうちに、勝は将軍・徳川家茂から正式に神戸海軍操練所の開校許可をもらった。そこで龍馬は、勝とともに大坂で開校の準備をすすめた。塾生は、幕府の旗本だけではなく、土佐藩はじめ諸国の藩からあつめられることとなった。彼らをひきいるのは塾頭である龍馬だった。

龍馬は、勝にたのまれて福井にいる松平春嶽のもとへと使いにも出た。

用件は借金である。

「人は集まりそうだけど、肝心の金が足りないんだ」

勝はそう言って「うまい具合に春嶽公が福井に帰っている。ちょっと行って五千両ばかり借りてきてくれ」と龍馬を福井に送りこんだのである。

五千両といえば、越前三十二万石の大名にとっても大金だ。だが、春嶽は龍馬の話に耳をかたむけてくれた。

「なに、いま金を出せば、いずれ神戸海軍操練所が交易で儲けた金で何倍にもして福井藩にかえすじゃと？」

「はい。勝先生もそう申されております」

春嶽は龍馬の熱弁にうなずいた。

「よかろう。まことにそうなるなら五千両など安いものだ」

いっしょにいた横井小楠も「海軍はいそいでつくらねばなりませぬからな」と賛成してくれた。

春嶽は家臣に借用書をつくらせると、それを龍馬に渡してこう言った。

「坂本、そなたには人を動かす力があるようだな」

「そうでしょうか」

「ああ、げんにこの春嶽が動いておる。こうした力は身につけようと思ってもなかなか身につかぬものだ。大切にするとよい」

春嶽ほどの人物にほめられて、龍馬はうれしかった。

——でも、本当にわしにそんな力があるのじゃろうか。

いままで自分がしてきたことといえば、剣術の修行と、勝海舟に弟子入りしたことくらいだ。人を動かすどころか、土佐勤王党の仲間を説得することもできず、土佐藩からも逃げ出した。

——わしにできることと言えば、人と会って話を聞くことと、それをまたほかのだれかにわしの口から伝えることくらいじゃ。

とにかくいまは、海軍操練所の開校に向けて全力をつくすのみだ。

龍馬は福井から五千両を持ち帰ると、土佐にいる乙女に手紙を書いた。

日本一の軍学者である勝海舟の門人となった。勝は自分をたいそうかわいがってくれている。そして神戸に海軍操練所を開校し、そこで長さ五十間（九十メートル）もの大きな船を造る。塾生は四、五百人はあつまる。そういったことをつづった龍馬は、手紙の最後をこう結んだ。

〈それにしてもこの私を弟子にしてくれた勝先生の人を見る目はたいしたものです。エヘ

ンエヘン〉
この手紙を読んだ乙女がどんな顔をするのか、想像するだけで龍馬はたのしかった。

12 神戸海軍操練所

龍馬が乙女に手紙を書いたころ、大事件が起きた。

「おい坂本、長州がやりやがった。下関海峡を通る異国の船に大砲をぶっぱなしたぞ」

勝の言葉に、龍馬は「とうとうやりおりましたか」と天をあおいだ。

実はこれに先だって、将軍・家茂は京都に上り、孝明天皇に対して「五月十日をもって攘夷を実行いたします」という約束をしていた。半平太たちの運動が成功したのであった。

「幕府は約束はしたけれど、内心じゃどこの藩も攘夷なんかしやしないと思っていたんだよ。あまかったな」

その約束の日である五月十日に、長州藩は本当に攘夷を決行した。下関海峡を通過するアメリカの商船に、陸の砲台と船から砲撃をあびせたのだ。それだけでなく、フランス船やオランダ船にも同様の攻撃をくわえたという。

久坂の顔が頭にうかんだ。はじめて龍馬が会ったときは長州を出ると言っていた久坂だったが、どうやら藩を動かすことができるようになったようだった。

――けれど、武力で異国に立ち向かうとは、長州はむこうみずじゃな。

心配は的中した。

六月に入るとアメリカの軍艦ワイオミング号が下関海峡に進入し、長州軍の砲弾が届かない距離から砲撃をあびせて長州の軍艦二隻を撃沈した。

次いで、フランスの軍艦セミラミス号とタンクレード号がやってきて、陸の砲台に猛攻撃をくわえた。フランス軍は上陸し、一時、砲台を占拠したという。

――やはり異国は強い。本気になられるとまるでかなわん。

力の差をいちばん感じているのは、敗れた長州藩の面々だろう。

龍馬があきれたのは、幕府が命令を実行した長州藩には手を貸さず、むしろ異国に自由にふるまわせていたことだ。

――いくらなんでもこれはひどいんじゃないか。

龍馬は〈日本を今一度せんたくいたし申候事〉と手紙に書き、乙女に宛てた。

――こんな日本じゃ、こんな幕府じゃいかん。日本は一度、なかからきれいに洗濯しなきゃいかんぜよ。


七月、今度は薩摩とイギリスの間で戦争が勃発した。

薩摩とイギリスの間には、この前の年、生麦事件が起きていた。横浜の生麦で薩摩藩の行列を横ぎったイギリス人が、怒った薩摩藩士に斬り殺されたのだ。むろん、イギリスのほうもだまってはおらず、その仕返しに七隻からなる艦隊を鹿児島湾に送りこんできたのだった。ここでも幕府はそれをとめなかった。

この戦いによって、鹿児島の町は多くの家々が焼けた。しかし、イギリス側もほとんどの船が損害を受けるなど無傷ではすまなかった。

その話を聞いた龍馬は薩摩藩に興味を持った。

――薩摩はやるな。世界一の強国だというイギリスをしりぞけたんじゃからな。

翌月、今度は京都で事件が起きた。

八月十八日、公武合体派の会津藩と薩摩藩が天皇を動かし、長州藩や土佐勤王党と組んで朝廷で力をふるっていた三条実美ら尊王攘夷派の公家七人を京都から追放した。

孝明天皇は異国ぎらいではあったが、三条たちがあまりに過激な意見を持っていたため、彼らを自分から遠ざけることに賛成したのだった。

公家たちは長州に落ちのび、御所を警備していた長州藩もまた京都からしめだされてしまった。これによって京都から表立って尊王攘夷をさけぶ声は消えた。後に「八月十八日の政変」と呼ばれることになる事件であった。

土佐では、武市半平太をはじめとする土佐勤王党の同志たちが次々に投獄されていた。吉田東洋を暗殺し、土佐藩を尊王攘夷一色にしていた半平太たちを、江戸から土佐にもどった山内容堂が「もう好き勝手にはさせぬ」と弾圧しはじめたのだった。

龍馬は乙女からの手紙で半平太の危機を知ったが、どうすることもできなかった。

年が明けた元治元年（一八六四年）、龍馬のもとに土佐藩から帰国命令が下った。

「坂本、どうする?」

勝にきかれると、龍馬は「帰りません」と答えた。

「わしには土佐に帰る理由がありません。せっかく先生が容堂公に話をつけてくれたのにすまんことですが、坂本龍馬は土佐藩士ではなく勝海舟先生の弟子ですきに、このまま先生のおそばにいます」

この時点で、龍馬は二度目の脱藩を決意した。

――もともと一度すてた土佐じゃ。姉上たちには会いたいが、武市さんたちを弾圧しているようなきゅうくつなところにもどる気など起こりはせんわ。

勝は龍馬の言葉によろこんだ。

「うれしいことを言ってくれるな。ちょうど俺も長崎に用があったとこさ。お前もついてこい」

龍馬は、幕府海軍の仕事があるという勝のともをし、長崎に行った。

長崎の港には、外国の商船や軍艦が何隻も錨を下ろしていた。町の一角には、異人の住む居留地があった。

「勝先生、あの丘に建っているのも異人の家ですか」

龍馬が指さしたのは、海をのぞむ高台に建っている洋館だった。

「ああ、ありゃあトーマス・グラバーっていうイギリス人商人の家だそうだ。若いがずいぶんやり手らしいぜ」

勝は「どんなやつか、顔を見てやるか」と龍馬をさそってグラバー邸をたずねた。

会ってみたグラバーは、勝の言葉どおり、龍馬より三歳下の若者だった。日本にきてまだ四年だというのに日本語がかなり上手で、勝や龍馬とも通訳なしで話ができた。

「攘夷は古い。日本は開国してもう十年もたっているんですよ。外国と貿易するしか道はないです」

グラバーは商人らしい考えの持ち主だった。

「私はこの長崎から世界中に日本の物を運んで売りたいと思っています。日本人には当たり前の道具や絵も、外国人から見るとめずらしくて価値のあるものなんです」

——この男は、わしより若いのに、わしのやりたいことをやっている。

龍馬は、グラバーの言葉のひとつひとつに耳をかたむけた。

話がはずんでくると、グラバーは不吉なことも言った。

「私は攘夷には反対です。でも尊王攘夷派は好きです。彼らは戦争を起こしてくれますからね。坂本さん、商いをやりたいのならおぼえておいてください。商人にとって戦争は商売のチャンスなんです。武器がたくさん売れるからです」

だけど、とグラバーは笑顔でつけくわえた。

「私個人は、戦争は好きではありません。平和がいちばんです」

――勝先生の言うように、若いのになかなかやり手そうじゃ。

龍馬が「自分もいずれはあなたのように異国との貿易をしたい」と言うと、グラバーは「カンパニーをつくりなさい」とすすめた。

「カンパニーとは何ですか？」

たずねかえす龍馬に、勝が横から「会社っていうもんだ」と教えた。

「坂本、俺たちが春嶽公から五千両を借りて海軍操練所をつくるのと同じさ。資金を元手に世の中のためになる商いをして、利益をあげる。それが会社、カンパニーってもんだ。海軍操練所とちがうのは、カンパニーは幕府にもどこの藩にも属さない独立した組織だってことだ」

「そのとおりです」とグラバーもうなずいた。

「カンパニーか……」

よし、わしもいつかカンパニーをつくるぞ、と龍馬は意気ごんだ。

五月、ついに神戸海軍操練所は開校した。

龍馬は、毎日のように練習船の『観光丸』に乗っては瀬戸内の海へと出た。

「やったぞ。わしはこれから勝先生と海軍をつくるんじゃ！」

操練所では船も造る。

完成すれば、その船のうち一隻をあずかることになるだろう。その船を使って、グラバーのような商いができる日がくるかもしれない。

「そうじゃ。そうしたら船で土佐に帰ろう。姉上がびっくりするぞ」

どこまでもつづく大海原に負けないくらい龍馬の夢はひろがっていった。

13 西郷という男

神戸海軍操練所での日々は充実したものだった。

龍馬は塾生たちとともに額に汗を流し、操船術にみがきをかけた。

そんななか、ときおり思い出しては気になるのが土佐のことだった。

——武市さんたちはどうなったかのう。

投獄されてはいない、ほかの大勢の仲間のことも気がかりだった。一部の仲間は弾圧から逃れるために土佐を脱藩したという。

そこで龍馬は、勝にたのまれた用をすませるついでに、京都にある土佐藩を脱藩した者たちがあつまる隠れ家をたずねてみることにした。そこに行けば、くわしいことがわかると思ったのだ。

「龍馬じゃないか。おんし達者にしとったか！」

隠れ家に行くと、意外な男がいた。

「慎太郎！　おんしこそ無事でいたか」

中岡慎太郎だった。二年ぶりの再会を、ふたりは抱きあわんばかりによろこんだ。

「わしは武市先生がつかまったあと、土佐を脱藩した。いまは長州藩の世話になっている」

「そうか。元気でなによりじゃ。で、長州はどうじゃ」

「熱い。熱いぞ、長州は。去年はまんまと京都から追いはらわれたが、久坂さんも高杉さんも必ずやまきかえしてやると燃えている。わしも脱藩した土佐勤王党の仲間とともに協力するつもりじゃ。龍馬、おんしはどこでどうしていたんじゃ」

「わしは勝海舟という方の弟子となって神戸の海軍操練所で塾頭をしているところじゃ」

「そうか。勝海舟のところでか」

そこで笑っていた慎太郎は「ん？」となった。

「ちょっと待て。勝海舟って、海軍操練所って、おんし、幕府の手先になったのか？」

尊王攘夷でまとまった長州にとって、いまやどっちつかずの幕府は政敵であった。

「待て待て。ちがうちがう」

龍馬はあわてて説明した。

「海軍操練所はたしかに幕府のものじゃ。しかし、勝先生はそうは考えてはいない。その証に、わしだけでなく土佐の者や他藩の藩士たちが大勢入っている。いわばこれは日本の海軍をつくるためのものなんじゃ」

「わかった。聞いていると、その勝海舟って人は幕府の役人とは思えん方だな」

「そこがあの人のすごいところぜよ」

龍馬と慎太郎が話していると「お二人さん」と呼ぶ声がした。

ふりかえると、娘がひとり、開いた障子の向こうに立っていた。

「外まで声がつつぬけですよ。ここは隠れ家でしょう。もう少ししずかに話されたらいかがですか」

きりっとした声で言われた龍馬と慎太郎は、なぜかそうしなければいけないかのように丸めていた背筋をのばした。

「慎太郎、あれはだれじゃ？」

龍馬は小声で聞いた。

「おりょうさんじゃ。ここの使用人の娘でな、ときどき来るんじゃ」

慎太郎も小声で答えた。

「中岡さん、そこまで小さな声で話さなくてもいいです。ところで、そちらは？」

「この男か。友人の坂本龍馬じゃ」

慎太郎に言われると、おりょうは龍馬の顔をじっと見た。

「なぜ、わしの顔をじっと見るんじゃ」

龍馬がきくと、おりょうは「ぷっ」と吹きだした。

「それは、坂本さんのほうがわたしのことをさっきからじっと見ているからですよ」

「あっ、す、すまん！」

おりょうが言うとおり、龍馬はふり向いたときからずっと、彼女の顔から目をはなさずにいた。

「わたしの負けですね」

「なんでじゃ？」

「あら、いまのはにらめっこじゃなかったんですか」

そう言うと、おりょうはくすくす笑った。

——おりょうか、おもしろいおなごだな。それに、わしと同じ名前じゃ。

龍馬は、自分でもよく理由がわからないままおりょうが気に入った。それがやがてひとりの女性を愛する気持ちに変化するのに、そう長くはかからなかった。


それからというもの、龍馬は神戸と京都をいく度となく往復した。おりょうとは会うたびに親しくなっていった。

おりょうは尊王攘夷派で皇族の侍医だった楢崎将作の長女だった。父のいたころの楢崎家は裕福だったが、将作は安政の大獄で投獄されたことがもとで体をこわし、二年前に亡くなっていた。

「父上が亡くなってからというもの、うちはすっかり貧乏になってしまって、妹たちは危うく人買いに売られてしまいそうになりました」

おりょうは、人買いの男たちに刃物を向けて妹たちを取りかえしたという。

この話を聞いた龍馬は「ますますおもしろい」と思った。

――いざというときの度胸もある。これはいい女じゃ。

もっとも、龍馬はおりょうにばかり気をとられていたわけではなかった。

「八月十八日の政変」以来、土佐勤王党が弾圧されているように、尊王攘夷派の志士たちはどんどん追い詰められている。これをどうにかしないといけないと感じた龍馬は、勝と相談し、志士たちを京都からも江戸からも遠い蝦夷地の開拓に送りこもうと考えた。

しかし、時は待ってはくれなかった。

六月、池田屋事件が起きた。

京都三条にある旅館「池田屋」に、会津藩の下で京都の警護にあたっていた新撰組が討ち入り、長州藩や土佐藩の尊王攘夷派の志士たちに襲いかかった。志士たちのうち七人が死亡。ほかに大勢の者がつかまり、一部は逃走した。逃げた者のなかには、神戸海軍操練所の塾生もいた。

仲間を殺された長州藩の怒りは頂点にたっした。

七月、長州藩は軍勢を京都に送りこんだ。武力をもって失った朝廷での影響力をとりもどそうとしたのだ。指揮官のひとりは久坂玄瑞だった。

――慎太郎が前に長州藩がまきかえすと言っていたのは、このことだったか。

その慎太郎は、土佐勤王党の仲間たちとともに長州軍にくわわっているという。神戸海軍操練所からも、龍馬がとめたにもかかわらず長州軍へと走ってしまった者がいた。

結果は、長州軍の惨敗だった。

御所めざして京都に突入した長州軍は、蛤御門や境町御門付近でむかえ撃った薩摩藩、会津藩、桑名藩などの軍勢に敗れ、久坂玄瑞は自決、残った兵たちは長州へと逃げ帰った。慎太郎も逃げたようだった。

「蛤御門の変」、または「禁門の変」と言われるこの戦いで、長州藩は天皇の敵である「朝敵」となった。幕府は十数万の軍勢を集めて長州征伐を行なうことに決めた。

そして八月には、イギリス、フランス、オランダ、アメリカの四ヶ国、計十七隻の艦隊が下関海峡にあらわれ、長州軍の砲台を攻撃した。去年同様、この戦いでも長州軍は敗れた。長州藩の持っている旧式の大砲や鉄砲では、最新式の兵器で装備した西洋の軍隊にはかなわなかったのである。

このままでは長州藩はほろぶ。龍馬にはそれが惜しかった。久坂は死んでしまったが、まだ桂や高杉がいる。この国をかえようとしている長州の人々を死なせてはいけない。

とはいえ、どうすればいいのか。

頭をかかえている龍馬に、勝が言った。

「薩摩の西郷吉之助に会ってこい」

「西郷吉之助？」

龍馬も名前くらいは聞いたことのある人物だった。

「ああ、いま薩摩を動かしているのはあの男だ。それに西郷は長州征伐の大将だ。坂本、お前ちょっくら会って西郷がなにを考えているのか聞いてみてくれよ」

さっそく龍馬は京都の薩摩藩邸に行き、西郷と面会した。

「おいが西郷吉之助でごわす」

ぬっと目の前にあらわれた相手に、龍馬は目を見開いた。

西郷は大きかった。体も大きければ顔も大きかった。ギョロリとした目も大きかった。こわそうにも見えるが、やさしそうにも見える。ふしぎな空気をまとった人物だった。

「坂本さん、今日はなんの話で来られもしたか」

ゆったりとした口調でそうきいてくる西郷に、龍馬は駆け引きなしで言ってみた。

「西郷さん、長州をつぶしちゃいけません」

「はて、坂本さんは幕府の海軍操練所の方と聞いておりもす。出身は土佐だとか。そのお方がなぜ長州の心配をなさるのですかな」

西郷は本当に奇妙だといった顔できいてきた。

龍馬は、来る道すがら考えたことを伝えてみることにした。

「長州がつぶれたら、次は薩摩がつぶされるからです」

龍馬がそう言うと、西郷は「そいはおそろしか話ですな」と笑った。

「じゃっどん、どうして薩摩がつぶされるのですか」

「それはかんたんじゃ。薩摩が強いからです」

龍馬は、一気にしゃべった。

「この日本で、異国と戦争をしたのは薩摩と長州しかありません。なぜなら薩摩と長州はそれができるくらい強いからです。そして、薩摩と長州は朝廷にも力を持っている。幕府は、そうした政に口をはさんでくる雄藩を邪魔だと思っている。だからまずは長州をつぶしにかかっている。それが終われば、今度は薩摩の番です」

幕府には勝海舟や大久保一翁のような、日本中から広く人材をあつめようとしている人間もいる。が、まだまだ幕府の中心にいるのは井伊直弼のような、日本を治めるべきはただひとつ徳川家のみ、と考えている人間たちだった。

龍馬の意見は、かなり乱暴だった。幕府側の薩摩藩に長州を攻めるなと言っているのだ。

だまって話を聞いていた西郷が口をひらいた。

「何日か前に、中岡慎太郎という、坂本さんと同じ土佐の人がきもした」

「慎太郎が？」

龍馬はびっくりした。慎太郎は「蛤御門の変」で長州軍にくわわって薩摩と戦ったはずだ。それがなんで西郷に会っているのか。

「ゆかいな人でごわした。おいの顔を見るなり、薩摩はなんで長州と戦うのかと詰め寄ってこられもした。なんでもなにも、相手が攻めてきたから御所をお守りしただけのことですと答えもした」

そこまで言うと、西郷はまただまりこくってしまった。

しかし、龍馬にはこれで十分だった。

——西郷さんはただ長州が攻めてきたから相手をしたままでだと言っておる。本気で長州をつぶそうとは考えておらんようじゃ。

おそらく西郷は、慎太郎が長州軍にいたことも知っていて会ったのだろう。

――慎太郎もきっと、西郷の言葉を長州に持ち帰ったはずじゃ。

「坂本さん、今日はよか話をありがとうございました」

話が終わると、西郷は勝とも会って長州征伐について意見を聞いてみると言った。

そして「長州の次につぶされるのは薩摩ですか。よいことを聞きもした」と笑った。


神戸に帰った龍馬は、勝に「西郷のことをどう思った」と感想をもとめられた。

「大きくたたけば大きくひびく。小さくたたけば小さくひびく。よくわからぬ人でしたが、わかれたあと、もっと話してみたいと思わせるお人でもありました」

龍馬の答えに「へえ。うまいこと言うじゃないか」と勝は感心した。

秋になり、長州征伐は行なわれた。薩摩をふくむ幕府の大軍は長州に押し寄せた。しかし、長州が謝罪したため、戦いらしい戦いは起こらず、幕府軍は兵を引いた。長州に謝罪をはたらきかけたのは西郷であった。

――やっぱり、西郷さんはわかっている。

この話を聞いた龍馬は「西郷は本物の男だ」と確信した。

14 薩摩へ

龍馬たちを乗せた『胡蝶丸』が鹿児島湾に入ると、しばらくして噴煙をあげる桜島が見えてきた。

「ここが薩摩か。土佐よりも日の光が強いようじゃ」

まぶしい太陽に目をほそめる龍馬に、西郷が「薩摩が気に入りもしたか」と言った。

「ええとこですな。あのでかい桜島は、まるで西郷さんのようじゃ」

「ははは。おいを桜島にたとえたのは、坂本さんがはじめてでごわす」

『胡蝶丸』の甲板では、龍馬と同じように海軍操練所の仲間たちが、噴煙をあげる桜島に興奮していた。

慶応元年（一八六五年）の四月だった。

龍馬は、西郷のさそいで仲間たちとともに薩摩にきていた。前の月に、神戸の海軍操練所が閉鎖されてしまったからだった。

一年以上の月日をかけて開校した海軍操練所は、わずか十ヶ月で幕府によって解散へと追いこまれてしまった。理由は「尊王攘夷派の志士たちをかくまっているから」であった。

池田屋事件、それにつづく「蛤御門の変」で、海軍操練所からは数人の志士たちが事件に巻きこまれたり、長州軍にくわわったりした。それが幕府に発覚してしまったのである。責任者の勝は海軍奉行並の役を解かれ、江戸に呼びもどされた。操練所は廃止。龍馬たちは師である勝と船を失った。

「なんでじゃ！」

龍馬は怒った。自分でもこんなに怒るのははじめてだとおどろくほど怒った。

――幕府は肝っ玉が小さい。尊王攘夷派だろうがだれだろうが、ここにきた者はみんな日本の将来を思っているというのに、小さなことにこだわって大切な海軍建設から目をそむけおった。

勝とともに夢を追い、必死でつくった操練所だというのに、閉鎖してしまったのでは五千両もの大金を貸してくれた松平春嶽にも申し訳なかった。

だが、幕府の方針は変わらなかった。こまりはてた龍馬たちがたよったのは、薩摩藩だった。江戸にもどる前、勝からこうすすめられていたのだ。

「坂本、お前たちのことは薩摩にたくした。西郷にも家老の小松帯刀にも話を通してある」

「わかりました」と返事をする龍馬に勝は言った。

「薩摩は海軍に力を入れている。けんかをしたイギリスとも手打ちをして、いまじゃ、いい交易相手になっている。お前らみたいに船をあやつることのできる連中がほしくてたまらないんだ。気にすることはない。遠慮せず面倒を見てもらえ」

わかれぎわ、勝は一冊の分厚い本を龍馬にくれた。

「こいつは『万国公法』だ。世界で通用するいろんな決めごとが書いてある。持っていれば、いつか役に立つだろうよ」

「勝先生、ありがとうございます。大事にします」

受けとった『万国公法』は、師匠の形見に感じられた。

龍馬は、さっそくいっしょに薩摩に行く仲間たちをあつめ、京都の薩摩藩邸をおとずれた。西郷も小松帯刀も、龍馬たちを歓迎してくれた。

ここで龍馬は、ひとつ勝負に出てみた。

「西郷さん、小松さん、わしらに船を貸してくれませんか」

船を貸してくれれば、その船で商いをする。かせいだ金の一部は薩摩藩にまわす。絶対に損をさせることはない。以前に松平春嶽に五千両を借りたときと同じことを龍馬は言った。春嶽のときとちがうのは、今度は船さえ貸してもらえれば、すぐにでも商いをはじめられるという点だった。

うまくできるという保証はない。あるのは自信だけだ。勝海舟という後ろだてを失ったいま、龍馬は自分の足で立たねばならなかった。

西郷と小松は顔を見あわせた。どうしようかと目と目で相談していた。そこに龍馬はつづけて言った。

「わしはこの商いを長崎でやりたいと思っています」

その言葉に、西郷と小松が「おや」という顔をした。

「長崎で、ということは異国と商いをしたいとお考えですか」

小松が聞いた。

「そうです。そして、この商いは薩摩藩ではなく、わしらの仲間だけでやります。そのためのカンパニーをつくります。その気になれば、薩摩の名前をいっさい出さずに商いをすることもできます。たとえば、幕府の長崎奉行所に知られることなく武器を買い入れることだってできます」

西郷と小松はふたたび顔を見あわせ、うなずきあった。

「よかです。薩摩についたら必要な金と船を用意するよう手配しもんそ」

西郷のこの返事に、龍馬は「話が早い。さすがは薩摩じゃ」と礼を言った。

海軍操練所はなくなったが、かわりに夢だった船に乗っての商いができる。

――いちかばちか、たのんでみるもんじゃな。

長崎で船を使って商売をする。それを聞いた海軍操練所の仲間たちはさけび声をあげてよろこんだ。西郷は、あとから龍馬のところに来ると、こう言った。

「いやあ、坂本さんにたのまれると、なぜか不思議とうんと言いたくなる。まっこておはんはおもしろい人ですな」

薩摩藩邸では、長州からたずねてきた中岡慎太郎にも会った。

慎太郎は龍馬の顔を見ると、「ゆっくり話がしたいんじゃ」と言った。二人は龍馬がよく使っていた伏見の旅館・寺田屋の一室に入った。

「龍馬、わしには考えがある」

「慎太郎、おんしがなにを考えているのかはわかっている」

龍馬は慎太郎の目を見て言った。

「おんし、薩摩と長州を仲なおりさせようと考えているな」

「そのとおりだ。さすがは龍馬じゃ。同じことを考えていたか」

この考えがいつ頭にうかんだのか、龍馬は自分でもよくおぼえていなかった。ただ、いつのころからか、もし薩摩と長州が手を組んだらおもしろいことになるのではないかと思うようになっていた。西郷に会ってから、その思いはますます強くなった。

では、おもしろいこととはなんだろう。なんとなくそう思っていただけだったのが、はっきりと意識のなかで形になったきっかけは、今回の海軍操練所の閉鎖だった。

——幕府はだめじゃ。いまの幕府に日本をまかせていたら、十年後、この国はどうなっているかわかったものではない。

「薩摩と長州が手を結べば、幕府に対抗できるだけの力が生まれるな」

龍馬の言葉に慎太郎は「そうじゃ」とうなずいた。

長州では、先だっての長州征伐のあと、高杉晋作が反乱を起こし、幕府になびいていた重臣たちから藩の実権をうばいとったという。幕府は長州藩がふたたび手向かってくることを予想して、第二次長州征伐を決定したところだった。

「高杉さんや桂さんたちは考えをあらためた。尊王攘夷といくらさわいでも、異国にはかなわない。それよりもまずは倒幕だ。幕府を倒すことに決めたんじゃ」

だが、と慎太郎は腕をくんだ。

「それには長州だけじゃ力が足りん。薩摩のたすけが必要なんじゃ。まだこのことは桂さんにも高杉さんにも言っておらんが、わしは薩長同盟しか道はないと思っている」

龍馬は「よし」とひざを打った。

「慎太郎、わしも動く。いまの長州は敵だった薩摩を憎んでいるじゃろうが、わしが薩摩と仲なおりするようくどく。西郷さんも小松さんもくどく」

「わしもいっしょにくどこう。見てろよ。この国をひっくりかえしてやる！」

話を終えると、龍馬はおりょうを呼んだ。このころ、おりょうは龍馬の紹介で寺田屋ではたらいていた。前の年にはかんたんな祝言もあげ、二人は夫婦になっていた。

「おりょう、わしはこれから薩摩に行く。そのあとは長州にも行く。しばらく会えないが達者でいろよ」

「わかりました。いつかわたしも薩摩につれていってください」

「おう、約束するきに。待っていてくれ」


そして、いま、龍馬は薩摩にきている。

西郷や小松は、長州との和解に賛成してくれていた。二人は、鹿児島に着くと、長州と手を結ぶことを藩の方針に定めた。

すぐに話がまとまったのは、西郷も小松も内心では幕府を見限っていたからだった。黒船来航以来、薩摩藩は自分たちのような雄藩が政に参加して日本をささえていきたいと考え、ずっと幕府に協力してきた。しかし、幕府はけっして薩摩を政権の中央にむかえようとはしなかった。最近ではフランスに接近し、軍事力を強化して、幕府にさからう藩をつぶそうとしていた。

このままでは、いつまでたっても幕府に天下を牛耳られたままだ。だったら長州と手を結び、同盟を組んでもいいのではないか。

もともと薩摩と長州は、関ヶ原の合戦では徳川に敗れた西軍だった。二百六十年前の先祖の恨みをいまこそ果たそうではないか。龍馬にはよくわからない感覚だったが、薩摩藩士のなかにはそんな考えをいだいている者もいるという。

問題は長州がなんと言うかだった。

「わしが長州に行って、桂さんに会ってきます」

龍馬は薩摩に一ヶ月ほど滞在すると、長州へと旅立った。

15 すれちがい

「坂本さん、こうして会うのはどれくらいぶりだろうな」

下関で会った桂は再会をよろこんだが、龍馬が話しはじめると、みるみる顔をくもらせた。

「薩摩と和解して手を結べ？　やぶから棒になにを言っているんだ」

予想していた反応だった。桂は「薩摩と和解？」とくりかえすと、口もとにひきつった笑みをうかべ、「できるわけがない」と首を左右にふった。

「それどころか、一戦交えたいくらいだ！」

「桂さんのお気持ちはわかります」

「八月十八日の政変、蛤御門の変、薩摩は二度もわれわれ長州に煮え湯を飲ませてくれた憎い敵だ。長州ではやつらのことを薩賊と呼んでいるのをご承知か？」

いつもは冷静な桂が熱くなっている。無理もなかった。

「私は人を斬るのはきらいだが、薩摩の者どもだけは別だと思っている。次に長州征伐の軍がやってきたら、まず薩摩から返り討ちにしてくれる。久坂たちの敵討ちだ」

桂はそのあとも薩摩に対する恨みごとをならべたてた。

「坂本さん、私たちの気持ちがわかるというなら、どうしてそんなバカなことを言うんだ」

「桂さん、そっちの気持ちも考えずいきなり言ってすまんかった」

龍馬は頭を下げた。次は自分が言う番だった。

「けれど、長州だけで幕府を倒せるのですか」

「倒す。長州は倒幕でまとまっている」

「長州は、数の上では圧倒的に劣勢じゃ。幕府を倒すには西洋式の軍隊と最新式の武器がいるじゃろう」

桂は痛いところを突かれて顔をしかめた。第一次長州征伐の結果、長州は外国から武器を買うことができなくなっていた。最新式の武器がほしくても手に入らないのだ。

「桂さん、薩摩は強い。イギリスの艦隊とも互角にわたりあうほど強い」

「なにが言いたいんだ、坂本さん」

「長州が幕府を倒すのはなんのためじゃ。京都から追い出された恨みをはらすことが目的なのか。そうじゃないだろう。日本のことを考えてのことではないか。この国をきちんとたてなおす。そのための倒幕じゃないのか。ただ残念なことに、長州だけではそれは無理じゃと言うとるんじゃ。本当は桂さんもわかっているんじゃないのか」

「だから、イギリスと渡りあえるほど強い薩摩と手を結べと、そういうことなんだな」

「そうじゃ。この国には三百近い大名がいる。だけど幕府に対抗できる力を持っているのは薩摩とこの長州くらいのものじゃ。たしかにわしはバカなことを言っているかもしれんが、考えてみてくれ。もし薩摩と長州が手を結んだらどれほどの力になるか」

桂は腕を組むと、瞑想するように目を閉じた。「桂さん」と龍馬は声をかけた。

「薩摩は、長州と手を結んでもいいと言っている」

桂の目がひらいた。

「それは本当か、坂本さん」

「本当じゃ。薩摩も本音のところでは幕府に不満がつのっている。幕府は薩摩の力を利用して長州をほろぼそうとしている。そして長州がほろべば、次は自分たちがねらわれる。それくらいお見とおしじゃ」

「ううむ」

「どうじゃ。一度、西郷吉之助に会ってみないか」

桂は、あきらめたようにふっと笑うと「わかった」と答えた。

「会うだけ会ってみよう。高杉たち藩の者にはそれまでに私から説得しておく。まあ、やすやすとはいかないだろうがな」

「それでこそ桂さんじゃ」

さっそく薩摩にもどろう。そう思ったところに、ちょうど京都にいた慎太郎がやってきた。慎太郎は桂との話がすすんだと聞くと「よし、それならわしが西郷さんを連れてくる」と言った。

あとは桂と西郷が会うだけだった。


半平太が切腹したという乙女からの手紙が、下関にいる龍馬に届いたのは、桂と会ってしばらくたったころだった。

「武市さん……」

文を読んだ龍馬は、空をあおいだ。目には涙がにじんでいた。

土佐で一年九ヶ月もの間、投獄されていた半平太は、吉田東洋を斬った罪、山内容堂にさからった罪を問われ、切腹を命じられた。武市は沙汰を受け入れて、立派に腹を召したということだった。数えで三十七歳だった。ほかにも土佐勤王党の仲間四人が斬首の刑にあっていた。取り調べをしたのは、吉田東洋の甥の後藤象二郎だったと乙女は書いていた。

「なんというむごいことを。武市さんたちは日本のことを思って動いていただけなのに」

半平太は、どれほど無念だっただろう。

「土佐藩はバカ者の集まりじゃ。後藤象二郎はアホじゃ。容堂公もただの短気者じゃ」

くやし涙をかみしめて、龍馬はつぶやいた。

「いちばんアホなのは、武市さん、あんたじゃ。吉田東洋を斬っても、結局はこの始末じゃないか。土佐藩なんぞにこだわらず、わしや慎太郎のように藩をぬければよかったものを。アホじゃ。アゴ先生、あんたはアホじゃ……」

子どものころから、兄のように慕っていた半平太が死んだ。

龍馬が涙にくれていると、そこに桂と高杉があらわれた。

「武市さんが切腹とは……」

長州の両雄も、同じ尊王攘夷の同志だった武市の死をなげき悲しんだ。

半月たって、慎太郎が薩摩からもどってきた。しかし、となりにいるはずの西郷の姿はなかった。

「すまん、龍馬。西郷さんは京都に行ってしまった」

「なんじゃと」

「途中の佐賀関まではいっしょだったんだ。しかし、急に京都に上らねばならんことになったんじゃ」

「桂さんが、ここでこうして待っておるというのにか」

龍馬の横で、桂が目尻をぴくぴくとふるわせていた。

「船で来る途中、京都で将軍・家茂が朝廷に長州征伐の令を出させようとしているという知らせが入った。西郷さんはいそいでそれをとめに行ったんだ」

慎太郎がそこまで言ったときだった。

「もういい！」

桂は立ち上がった。

「私が待っているのを知っていながら来ないとは。やはり薩摩は信用ならん」

「桂さん、怒ってもいいが行かないでくれ。中岡の話を聞いただろう。西郷さんは幕府の長州攻めをやめさせようとしているんじゃ」

「どうだかな。逆に長州を攻める相談をしに行ったのかもしれん」

「西郷さんはうそをつくような男じゃない」

「だとしても、無礼者であることはまちがいない」

——西郷さん、これはまずかった。

この半月、桂は薩摩との同盟を結ぶために藩内を説得しにまわっていた。藩士たちの反発は予想以上だった。

「薩賊と手を結ぶだと。桂さんは頭がどうかしたんじゃないのか！」

「久坂さんたちのうらみを忘れたか」

へたをすると桂が斬られてしまいかねないいきおいだった。それでも桂は言葉をつくし、薩摩との同盟の必要性を説いた。そしてやっと藩内をひとつにまとめたところだったのだ。

「慎太郎、西郷さんはほかになにか言っていなかったか」

「自分にできることがあれば、言ってほしいと」

「できることだと？　会いにくることもできない男が、ほかにできることなどあるのか」

桂の怒りはおさまりそうにない。

——ちょっと待て。なにか方法はないか……。

念じるように目をつむった龍馬の頭をかすめたのは、長崎に行っている海軍操練所の仲間たちだった。

――そうじゃ。長崎では仲間たちが商いの準備をしている。

「桂さん！」

龍馬も立ち上がった。

「わしにひとつ案がある。聞いてくれないか」

「案？」

いぶかる桂に、龍馬は説明した。

西郷はいま、長州征伐をとめに京都に行っているが、おそらく幕府は聞き入れないだろう。つまり、今度こそ幕府軍は長州に攻めこんでくる。

そこで、長州はその前に外国から武器や船を買い入れる。長州の名前を出したのでは買えないので、西郷にたのんで薩摩藩の名義でその武器と船を買う。異国の商人との取引は、自分と海軍操練所の仲間が行なう。長崎から長州へ武器を運ぶのも自分たちにまかせてほしい。そして、長州からは不作で米が足りていない薩摩へ米を援助してほしい。

聞いていた桂は「なるほど」とうなった。

「もしそれが実現すれば、長州藩の仲間たちも西郷を信じることができるだろう。そして米を送ることで薩摩もまた長州を信じることができよう。口約束の同盟などより、よほどおたがいに信じあえるはずだ。よかろう、必要な金はすぐに用意する」

「わしも賛成じゃ。うまいことを考えたのう」

慎太郎も感心していた。

「桂さん、わしはこれを桂さんからの提案という形で京都にいる西郷さんに伝えたい。ええじゃろうか」

「坂本さんがそう言うのなら、それでいい」

桂の返事を聞くと、龍馬と慎太郎はいそいで京都に向かった。

京都の薩摩藩邸で二人をむかえた西郷は「すまんことをしもうした」と頭をかいた。

「おいが長州に行ったら薩摩ぎらいの者たちに斬られてしまうのではないかと、みなに心配されたんでごわす。それよりも先に長州征伐をやめさせたほうが、長州にも信用されるのではないかと思いましてな」

どうやら西郷には西郷なりの心配や気づかいがあったようだ。無理もないことだった。

龍馬から武器買い入れと長州からの米の援助の話を聞くと、西郷はすぐに「そいは名案です」と返事をしてくれた。

「幕府は長州征伐を延期しましたが、やめるとは言っておりもはん。武器を買うならいまのうちです」

西郷の賛成も得ることができた。あとは武器と船を買うだけだった。

話がまとまると、龍馬は寺田屋にいるおりょうとの再会もそこそこに長崎へと出発した。

16 薩長同盟

長崎では、海軍操練所の仲間たちが龍馬を待っていた。総勢約二十名。龍馬は彼らに向かって言った。

「いよいよわしらのカンパニーをつくるぜよ！」

船を使って商いをすることは、もともとみんなで話しあって決めていたことだったので、反対する者はだれもいなかった。それどころか、長州に武器を送ると聞くと、みんな興奮した。自分たちの海軍操練所をつぶした幕府に、だれもが一矢報いたいと思っていたのだ。

「カンパニーの名前は亀山社中。これでどうじゃ？」

「亀山」は龍馬たちの宿舎のある場所の地名、「社中」とは「仲間」や「組織」という意味だった。

「亀山社中か、いいじゃないですか」

土佐出身で河田小龍の弟子である近藤長次郎が言うと、陸奥陽之助、長岡謙吉、高松太郎といった仲間たち全員が賛成してくれた。

「では、わしはグラバー商会のグラバーさんに武器を売ってくれるようたのんでくる。長州からは伊藤俊輔と井上聞多という人が来る。薩摩藩と話しあって、商いを進めよう」

龍馬はさっそく何人かの仲間とグラバー邸をたずねた。

再会したグラバーは「あなたもカンパニーをつくりましたか」と、思っていたよりもはやく龍馬が商いをはじめたことを祝福してくれた。

すぐに商談に入った。

「薩摩藩からたのまれているのは鉄砲じゃ。性能のいい最新式のミニエー銃を、できれば七千挺、すぐにでもほしい」

希望を伝えると、グラバーは先ほどまでとは態度を一変させた。

「七千挺ですか。それだけの数をいそいで仕入れるのはむずかしいですね。千挺ではいかがですか。残りの六千挺は旧式のゲベール銃でどうでしょう」

試すような顔つきだった。

「それじゃあ足りん。七千挺すべて、買いつけてほしいんじゃ」

「七千挺は無理です。せいぜい二千挺です。買いつけ先の上海にだってミニエー銃はそんなにはないんです」

「六千挺！」

「三千挺」

「うーん、じゃあ五千挺。金は出す」

「四千挺で。本当にこれ以上は無理です。値段はゲベール銃三千挺とあわせて十万両」

「高い。八万五千両でどうじゃ」

「九万五千。これはゆずれません。ミニエー銃は高価なんですよ」

「八万八千。たのむ、グラバーさん」

　龍馬は手をあわせてグラバーをおがんだ。まわりの仲間たちは、取引がどうなるか、固唾をのんで見守っている。

「こまりますね。私は神様じゃないんですよ」

　グラバーはおかしそうに「ふふ」と笑うと、こう言った。

「坂本さん、本当のことを話してください」

「本当のこと？」

「商人は正直でいるべきところは正直でいなければならない。商売は真心でするものです」

どうやらグラバーは、ミニエー銃を必要としているのがだれか、本当のことを話せと言っているようだった。全国の諸藩のなかで、いまいちばん最新鋭の武器をほしがっているのはどこの藩なのか。おそらくグラバーにはお見通しなのだろう。

「わかった。グラバーさん、あんたには真心で話す。ただし、この話は秘密じゃ」

「私は取引相手との秘密は絶対に守ります。これは商人の掟です」

グラバーの目は真剣だった。

――そうか、グラバーさんはわしのことを信じることができるかどうか、見きわめようとしとるんじゃな。

商売は信用が第一だ。異国相手ならなおさらだ。その当たり前だけどいちばん大切なことを、グラバーは商売をはじめたばかりの自分に教えてくれようとしているのかもしれない。そう思うと、うそはつけなかった。

「グラバーさん、銃が必要なのは薩摩ではなく長州じゃ」

仲間たちが「あっ」とおどろいた。

「坂本さん、それは……」

「いいんじゃ。グラバーさんは秘密を守ると言ってくれた。話した以上は、わしらの仲間だ。友人だ」

龍馬の言葉に、グラバーはにっこりとほほ笑んだ。

「そうです。坂本さん、ありがとう。私たちはもう友人です。このことはもちろん、ここだけの話とします。幕府やほかの藩の人たちには絶対に言いません」

最終的に、グラバーはミニエー銃四千挺を買いつけてくれると約束してくれた。ゲベール銃三千挺との合計金額は九万二千四百両。グラバーは自分にできるぎりぎりのところまで値段も下げてくれた。

あとは船だった。グラバーは五万両でイギリスの汽船『ユニオン号』を用意してくれた。こちらも銃と同じで幕府に知られるわけにはいかないため、長州藩が代金を払い、名義は薩摩藩とした。船を動かすのは龍馬たち亀山社中の仲間たちだった。

契約の日、龍馬は長州藩の伊藤俊輔、井上聞多とともにグラバー邸に行った。グラバーは契約書をテーブルに置くと、伊藤や井上に聞こえるように言った。

「ミニエー銃を四千ではなく四千三百挺にしました。値段は同じでかまいません。三百挺は坂本さんがカンパニーをつくったお祝いです。長州藩は運がいいですね」

「グラバーさん。ありがとう！」

龍馬が手をさしだすと、グラバーも手をさしだした。二人はかたく握手をかわした。伊藤も井上も「坂本さんのおかげで三百挺もふえた」とよろこんでくれた。

上海から積み荷が届くと、『ユニオン号』はすぐに下関へ向けて錨を上げた。下関には薩摩に渡す米が待っていた。これで薩摩と長州は、おたがいにたすけあったということになった。

あとは、桂と西郷を対面させるだけだ。西郷はまだ京都にいた。

最初は「なぜ私からわざわざ京都に行かねばならんのだ」としぶっていた桂だが、龍馬の説得に京都へと出発してくれた。龍馬も「わしもあとから行きます」と約束した。

下関で、龍馬は太宰府にいる三条実美のもとに行っていた慎太郎と会った。「八月十八日の政変」で京都を追われた公家たちは、太宰府で名誉挽回の機会をうかがっていたのである。

「龍馬、三条実美様たちも薩長同盟に賛成してくれたぞ。薩摩と長州が手を結べば、今度こそ三条様たちを通して朝廷を動かし、幕府を倒すことができる。おんしははやく京都に行って桂さんと西郷さんの話をまとめてきてくれ。わしはまた太宰府に行って話をつめてくる。それが終わったら京都におんしを追いかける」

「慎太郎、おたがいいそがしいのう」

「おお、いまがわしらの正念場じゃ。たのむぞ、龍馬」

慎太郎は、「いそがしい、いそがしい」とたのしそうに言いながら太宰府へと向かった。

――さて、わしも京都に行くか。

龍馬が出発しようとしていると、今度は高杉晋作が「やあ、坂本さん」とたずねてきた。

「京都に行くと聞いてね。いい物をふたつ持ってきたんだ」

「物って、そこにいるのは三吉さんじゃないか」

高杉とともにきたのは、宝蔵院流槍術の達人として知られている三吉慎蔵であった。三吉と龍馬は、つい先日、人を介して知りあったばかりだった。

「ああ、いけない。物でなくて人だった。この三吉さんがね、藩から京都の様子をさぐってこいって言われたんだ。坂本さん、いっしょに行ってもらえないかな」

ほら、と高杉はつづけた。

「京都は新撰組や見廻組がいて物騒じゃないか」

池田屋事件で有名になった新撰組、それに見廻組。どちらも幕府と京都守護職である会津藩が、京都の治安を守るためにつくった組織だった。

「連中、やたらと人を斬っているっていうし、三吉さんみたいな豪傑がそばにいたほうが坂本さんも安心だろう」

高杉は、三吉を龍馬の用心棒につけてくれるというのだった。物あつかいされた三吉はそれを意に介することもなく、「坂本さんさえよければ、私を使ってください」と言ってきた。三吉の誠実な人柄は一度会ってよくわかっていたので、龍馬も「わしこそよろしくお願いします」とたのんだ。

「あと、もうひとつあるんだ。こっちは本物の物だ」

包みから、すっと出てきたのはピストルだった。高杉は四年前、海外の事情を知るために上海に渡った。目の前にあるのは、そのときに買ったピストルだという。

「こいつは刀なんかよりもずっと役に立つ。いつも懐に入れておくといい。弾も何十発とある」

「高杉さん、なんでわしにこんなに親切にしてくれるんじゃ？」

龍馬の問いに、高杉は「さあね」と視線を宙に泳がせた。

「自分でもよくわからないな。僕はきっと坂本さんみたいな気風の人が好きなんだね」

高杉はここ長州で、奇兵隊を組織していた。奇兵隊には、武士だけではなく、農民でも商人でも、志願すればだれでも入れた。

――わしも高杉さんみたいに自由な発想をする人間が好きじゃ。

龍馬はありがたくピストルを受け取ると、三吉とともに京都へといそいだ。途中、大坂では江戸から上方へときていた大久保一翁と再会した。大坂には、将軍・家茂をはじめ、幕府の重臣たちが長州征伐のためにあつまっていたのだ。

大久保は龍馬に「長州征伐には反対だ」と言った。

「だが、わしの意見は聞き入れられないだろう。京都は物騒だ。坂本、身のまわりに注意せよ」

龍馬は幕府の人間である大久保には薩長同盟のことは話さなかった。しかし、大久保はなにかを感じとったらしく、龍馬の身を案じたのだった。

京都にある小松帯刀の屋敷で桂に会った龍馬は、あごがはずれんばかりにおどろいた。

「桂さんがきてから十日もたつというのに、まだ薩長同盟について話しあいをしていないじゃと？」

「そうだ。この十日間、西郷たちは酒に肴にと私をもてなしてくれた。きっと今日もそうだろう。さて、今夜はなにが出るかな、甘鯛か、ハモか」

なかばやけくそめいた口ぶりの桂に、龍馬はきいた。

「桂さんからは、武器と船の礼は言ったのか？」

「それは言った。西郷からも米の礼を言われた」

「それだけか」

「それだけだ」

龍馬は「ふーっ」と長い息をはいた。

――やれやれ、なんということじゃ。桂さんも西郷さんも面子があって、おたがいに同盟どころか仲なおりの話も切り出せずにいるんじゃ。

どちらかが口を開かねば、話はいっこうに進まない。そうしている間に、長州征伐がはじまってしまう。

桂と西郷、長州と薩摩、両方の立場を考えてみた。

——苦しいのは長州のほうじゃ。だからこそ、長州からは同盟の話ができんのじゃ。

同盟関係は対等でなければならない。だが、最初に弱い立場のほうからそれをたのんだら、対等な関係をつくることはむずかしくなる。

「よし、桂さん。ちょっと待っていてくれ」

龍馬はその足で薩摩藩邸にいる西郷に会いにいった。

長州の立場を説明する龍馬に、西郷は「わかりもした」と返事をした。

「おいも少し意地を張っていたようです。いやあ、坂本さんがきてくれてよかった」

西郷の態度の変化に、まわりにいた者たちがざわついた。

「頭を下げてたのむべきは長州じゃなかか」

不満の声を、西郷は「しずまれ」と制した。

「おいが頭を下げれば、きっと桂さんも頭を下げてくれるだろう。頭ひとつ下げるだけで薩摩は長州という同盟相手を手にすることができる。安いもんでごわす」

そう言う西郷の顔は笑っていた。龍馬も笑った。

「それでこそ西郷さんじゃ。薩摩じゃ。わしゃうれしくて涙が出そうじゃ」

龍馬は西郷に向かっていきおいよく頭を下げた。

――これで幕府に対抗できる勢力が生まれる。

「それでは」と西郷が言った。

「桂さんに会いにいくとしもすか」


慶応二年（一八六六年）一月二十一日、龍馬の立ちあいのもと、西郷吉之助と桂小五郎の話しあいが行なわれ、薩摩と長州の同盟は成立した。

もし長州征伐が行なわれたら、薩摩は兵を貸す。薩摩は朝廷に長州が朝敵ではないとはたらきかける。幕府が本気で長州をほろぼそうとするなら、薩摩は全力でこれと戦う。二つの藩は日本のために力をつくす。

西郷と桂の間で、このような内容の盟約書がかわされた。後日、龍馬は二人にたのまれ、書面の裏に自分が立ちあったという「裏書き」を書いた。

盟約書には、あえて書かなかったこともあった。

薩摩と長州は力をあわせて幕府を倒す。

幕府を倒し、あたらしい日本をつくる。

この同盟の本当の目的はそこにあった。

17 襲撃

その夜、龍馬はおりょうのはたらいている寺田屋の二階に三吉慎蔵といた。二人とも用心のため、薩摩藩士を名乗って宿泊していた。

「三吉さん、そろそろ寝るとするかの」

「おお、ずいぶん遅くまで話してしまったな」

薩長同盟が結ばれたのは二日前だ。龍馬も慎蔵もまだ興奮がぬけず、この日も近いうちにはじまりそうな第二次長州征伐について語りあっていたところだった。

すると、廊下をだれかが小走りで駆けてくる音がした。

「龍さん！」

おりょうの声だった。と同時に、ふすまが開いた。

「わっ、おりょう、なんちゅうかっこうじゃ！」

龍馬は、ぬれたまま着物をはおっているおりょうに目をまるくした。

「お逃げください。捕り方にかこまれています。風呂から見ました」

「なんじゃと」

「しくじった。どうやら密偵にでも見られていたようですな」

三吉は立ちあがると槍を手にとった。

「おりょう、ここは危ないきに。一階に下がっとれ」

龍馬は懐に手を入れた。高杉からもらったピストルをにぎった。おりょうが廊下をふりかえる。

「きました」

階段を踏む音が聞こえた。

「伏見奉行所である。神妙にせよ。この宿に不逞浪士がいるときく。出てこい！」

「不逞浪士じゃと？」

龍馬と三吉はふすまを開けて言いかえした。すでに二階には何人かの役人たちが上がってきていた。提灯の明かりが龍馬たちを照らした。

「我らは薩摩藩の者じゃ。いったい何用だ」

「黙れ。神妙にせねば成敗するまで」

いきなり一人が斬りかかってきた。が、三吉の槍のほうがはやかった。

「うおっ！」

役人が突かれてしりぞく。ほかの一人がさけんだ。

「手向かうぞ。斬れ、斬れ！」

「ただではやられんぞ！」

三吉はさけぶと提灯を持っている捕り方に襲いかかった。あわてた相手は提灯を落とした。

となりの部屋のふすまが破られた。うす暗い光のなかで、龍馬はピストルをぬいた。

飛びこんできた影に向かって引き金を引く。

銃声が建物中にひびいた。弾が当たった相手が転げた。

「よると撃つぞ！」

「きええっ！」

横から男が斬りつけてきた。龍馬はとっさにピストルでそれを受けた。金属音がひびいた。刀ははじいたが、親指のあたりを斬られた。すかさず一発撃った。

「下がれ、下がれ、撃たれるぞ」

役人たちは龍馬のピストルを警戒して一階へと下がった。三吉がそばにきた。

「敵は何十人もいる。こうなればいさぎよく斬り死にしよう」

「ここで死んではだめじゃ。裏の階段から逃げるぞ」

やっと薩長同盟を成立させたんじゃ。こんなところで死んでたまるか。そういう思いだった。

龍馬は「行くぞ」と裏の階段へと走った。一階に下り、そのまま雪のふっている外に出た。さいわい裏手に捕り方はいなかった。

堀を渡り、路地をぬけ、材木屋の屋根によじのぼった。ここならば追手の目にはつかない。しかし、周囲の道は捕り方によっておさえられてしまっただろう。

二人とも、着物はぬれ、ぼろぼろだった。どこからか、「追え、追え」という声がする。

「こりゃあ、かこまれとるな」

龍馬は夜空をあおいだ。無数の雪が、ひっきりなしにふってくる。

――おりょうはどうしたろう。あれから姿を見ておらん。

寺田屋に残したおりょうが気になった。しかし、使用人であるおりょうが斬られたりすることはないだろう。そう思って自分を安心させた。

「坂本さん、斬られたか」

三吉が龍馬の手を見た。

「ああ、親指のつけねのあたりをやられた。血がとまらん。ふらふらしてきた」

堀にでも落としたか、いつのまにかピストルがなくなっていた。

「生きてつかまるわけにはいかない。ここで腹を切ろう」

「短気はいかんぜよ、三吉さん」

はあはあ、と荒い息のなかで龍馬は言った。

「腹を切る力があるなら、薩摩藩邸まで、たすけを呼びにいちかばちか走ってみてくれんか。わしらに運があるかどうかためしてみよう」

「わかった。ここで待っていてくれ」

槍を持ちなおすと、三吉は屋根から下りた。

「邪魔だてする者がいたら、いまひとたび宝蔵院流槍術のおそろしさを見せつけてやるわ」

言うと、三吉は駆けだした。

数日後、龍馬は京都市中にある薩摩藩邸の一室にしかれた布団の上にいた。

「今日はどうですか。痛みますか」

かたわらにはおりょうがいた。

「痛む。痛むが昨日よりは少しいい」

龍馬の手には包帯が巻かれていた。薩摩藩の藩医が処置してくれたものだった。

「痛んだっていいんじゃ。おりょう、お前が走ってくれたおかげで、こうして命びろいしているんだからな」

「三吉さんも、すぐにきてくださいました」

「でも、お前が先に行っていなければ、たすけが来るのが遅れていただろう。わしはあのまま材木屋の屋根の上で雪をかぶって骸となっていたかもしれん」

あの晩、おりょうは捕り方たちに踏みこまれたあと、ひそかに寺田屋をぬけだし、伏見の薩摩藩邸へとたすけをもとめに走った。龍馬の危機を知った薩摩藩士たちが救出に向かおうとしているところに、三吉がやってきて、龍馬が材木屋にかくれていると告げた。

龍馬は無事、薩摩藩士たちによってたすけられ、伏見の藩邸にかくまわれた。二里半

（約十キロメートル）ほど離れた京都の薩摩藩邸からもすぐに医者がやってきて、傷を診てくれた。伏見奉行所もそれに気づき、龍馬と三吉を引き渡すように申し入れてきたが、薩摩藩は「知らぬ」と突っぱねた。

西郷は、龍馬の体力が回復すると、おりょうや三吉とともに自分のいる京都へと移した。おりょうは、ずっとつきっきりで龍馬の看病にあたった。こんなことが起こっては、おりょうももはや寺田屋にいるわけにはいかなかった。

聞くところによると、あの斬りあいのなかで、伏見奉行所の役人が二人死んだという。一人はたぶん、自分がピストルで撃った相手だろう。

――倒さなければ倒されていたとはいえ、この手で人の命を奪うのはいやなものじゃの。

相手が憎くて撃ったわけではない。龍馬は「成仏してくれ」と犠牲になった役人のことを思って手をあわせた。

この日は、慎太郎もやってきた。

「薩長同盟が成ったと知って、大喜びしたかと思ったらこれじゃ。龍馬、もうちょっと気をつけてくれ。おんしの名前はおんしが思っている以上に知られとるんじゃ」

慎太郎は龍馬をしかるように言った。

「それを言うなら慎太郎、おんしも同じじゃ」

「そうじゃな。おたがい気をつけんとな」

そこへ、西郷もあらわれた。

「中岡どんもいたでごわすか。ちょうどいい。大坂から下関へ船を出すところです。三吉さんやおりょうさんも、みんないっしょに乗りませんか」

西郷は「下関に着いたら、坂本さんとおりょうさんは船を下りずに鹿児島に行くとよか」とすすめた。

「その手の傷は深い。薩摩で温泉に入って、ゆっくり養生したほうがいいでごわす」

龍馬は、西郷のすすめにありがたくしたがうこととした。

18 第二次長州征伐

鹿児島に着いた龍馬とおりょうは、塩浸温泉はじめ、いくつかの温泉に何日間も逗留し、手に負った傷をいやした。

寺田屋での襲撃事件から二ヶ月あまり、傷も体力も回復した龍馬は、おりょうと日本神話の舞台である高千穂峰に登った。頂上にある天の逆鉾を引きぬいたり、乙女に絵入りの手紙を送ったり、薩長の盟約のためにいそがしく駆けまわっていた龍馬も、このときだけはおりょうと二人ですごす時間を心からたのしんだ。

約一ヶ月に渡る「新婚旅行」を終えた龍馬は鹿児島にもどり、亀山社中の仲間が来るのを待った。仲間たちは、『ユニオン号』とともに、薩摩藩からゆずられた帆船『ワイルウェフ号』に乗ってやってくるはずだった。

が、鹿児島に入港したのは『ユニオン号』ただ一隻だった。

「沈んだ？　『ワイルウェフ号』がか？」

念願だった自分たちの船、『ワイルウェフ号』は五島列島付近で暴風雨にあい、沈没していた。

「なんちゅうことじゃ……」

はじめて持った自分たちの船だというのに、龍馬は一度も『ワイルウェフ号』を見ることができずに終わった。それればかりか、この事故で十二人の仲間が命を落としていた。

——おんしらの無念は、きっとわしが晴らしてやる。

悲しみにくれているひまはなかった。幕府軍がいよいよ第二次長州征伐をはじめようとしていた。すでに長州をかこんで四つの方角から、幕府軍は進撃を開始していた。

「坂本さん、薩摩はこのたびの長州征伐では兵は出さんと幕府に伝えもした」

西郷は、約束どおり、長州との盟約を守るつもりでいた。

「ついては、長州から運んでもらった米を、もう一度長州に運んでくれはしませんか」

これから長州は十五万もの幕府軍と戦わねばならない。こんなときに長州にとっても大事な米を受けとるわけにはいかない。それが西郷と薩摩藩の言い分だった。

「ついでにこの『ユニオン号』も長州にかえしてください。幕府海軍の艦隊と戦うのに、船は一隻でも多いほうがよか」

「わかった、西郷さん。たしかに引き受けた！」

龍馬は『ユニオン号』に乗ると、まずは長崎に寄っておりょうを亀山社中の協力者である豪商・小曽根英四郎の家に預けた。おりょうは「わたしも行きます」と言ったが、戦場である長州に妻を連れていくわけにはいかなかった。

三日後、慶応二年（一八六六年）六月七日、第二次長州征伐の火ぶたが切って落とされた。長州が謝罪して幕府にしたがったため一発の銃弾も放たれなかった第一次長州征伐とちがい、今度は本当の戦争だった。

戦いは海からはじまった。幕府艦隊は瀬戸内海にうかぶ長州藩領の周防大島へ砲撃を開始すると、島に上陸した。次いで、瀬戸内海側の芸州口、日本海側の石州口、九州側の小倉口の三ケ所で、両軍が激突した。

龍馬が下関に着いたのは、戦闘がはじまって一週間後のことだった。出むかえたのは桂と高杉だった。

桂は、龍馬たちが米を運んできたと知ると「あれは薩摩にやった米だ。いまさらかえしてもらうわけにはいかん！」とことわってきた。

「いや、これは西郷さんたちの気持ちじゃから」

と、龍馬がいくら言っても桂は「気持ちなら鉄砲だけで十分だ」と首をたてにはふらなかった。

――ふう、桂さんは頑固だからな。しかたない……。

龍馬は「それじゃあ、これでどうじゃろう」と提案した。

「この米、海にすてるわけにもいかん。だったら、わしら亀山社中にください」

「薩摩がいらんというのなら、それでもいい。食べようと売ろうと坂本さんたちの好きにしてくれればいい」

そんなつもりはなかったのに、気がつくと亀山社中は五百俵もの米を手に入れていた。

高杉はというと、数日前に周防大島沖に停泊していた幕府艦隊に夜襲をかけて成功したばかりで上機嫌だった。

高杉はごほごほと咳をしながら言った。

「坂本さん、この『ユニオン号』はこれから『乙丑丸』と名をかえる。ついでにこのまま坂本さんたちが乗っていてくれないかな」

「それはどういう意味じゃ、高杉さん」

「なに、ちょっと僕たちといっしょに戦ってほしいだけさ」

「わしらも幕府軍と戦えというのか」

西郷から米をかえしにいってくれとたのまれたときから、こんなことになるのではないかと思ってはいたが、やはり自分たちも戦わないわけにはいかないようだった。

――高杉さんには借りがある。寺田屋で襲われたとき、高杉さんからもらったピストルがなければ、わしも三吉さんも逃げることはできなかった。

高杉は作戦を説明してくれた。

「関門海峡の向こうに幕府軍が二万ほど陣取っている。僕らは海を渡ってこれを蹴散らしたいんだ。坂本さんも『乙丑丸』から上陸を援護してくれないかな。幕府の艦隊がきたら沈めちゃってかまわないよ」

ことわるわけにはいかなかった。ただし、龍馬にはどうしてもひとつだけ聞いておきたいことがあった。

「高杉さん、幕府艦隊の指揮はだれがとっている？」

「安心してくれ。勝海舟じゃないよ。勝さんは大坂にいるらしい」

「それを聞いて安心した。勝先生とだけは戦いたくないからのう」

これで龍馬の気持ちはかたまった。『乙丑丸』に乗っている仲間たちも、幕府軍と戦うと聞いてふるいたった。

「わしらをお払い箱にした幕府に、どれだけ損をしたか思い知らせてやろう！」

六月十七日、『乙丑丸』は田野浦（門司）に上陸する長州軍とともに関門海峡を渡った。

夜明けとともに砲撃を開始した『乙丑丸』に幕府軍はあわてた。そのすきをついて長州軍は上陸を成功させた。士気旺盛な長州軍に対して、さまざまな藩からの寄せあつめである幕府軍はろくに戦いもせずに退却した。さすがにここを領地とする小倉藩だけは抵抗したが、最新式の武器で装備した長州軍の敵ではなかった。

長州の優勢はほかの戦場でも同じだった。芸州口では幕府軍は一歩も進めず、石州口では幕府軍方の浜田城が落城、幕府が直接支配していた石見銀山も長州軍に占領された。

この戦いのさなか、大坂にいた将軍・家茂が急な病で倒れた。

次々に届く味方の敗報に気落ちしたのか、七月二十日、家茂はわずか満二十歳という若さで世をさった。

将軍の死を機に、幕府は長州との停戦に動いた。停戦とはいっても、事実上の敗北であった。幕府側の使者として交渉にきたのは勝海舟だった。

龍馬があとから耳にしたところによると、勝は「この戦はどうみてもそっちの勝ちだ。おとなしく引きあげるから追い討ちだけはしないでくれ。今後もこっちからは手出しはしねえよ」とあっさり負けをみとめたという。

「勝先生らしいのう」

龍馬は師匠が変わっていないことをよろこんだ。と同時に、海軍操練所をとりあげておいて、こんな面倒な役回りを勝にさせる幕府に腹を立てた。

長州軍は勝利にわきかえった。

「幕府め、見たか！」

高杉も桂も、もちろん、この勝利の裏に薩長同盟があることを忘れてはいなかった。

「いまの幕府はわれわれ長州一藩すら倒すことができない。薩摩やほかの藩と力をあわせれば、幕府から政をうばうことができるぞ」

薩長同盟は大当たりだった。長州の勝利は、日本全国すみずみにまで伝わることだろう。

もはや、こんな力のない幕府に日本をまかせておくわけにはいかない。

長州や薩摩だけではない。全国の諸藩がそれを痛感したはずだった。ひょっとすると土佐藩ですらそう思っているかもしれない。

――こりゃあ、日本は変わるかもしれん。

龍馬は腕をくんで考えた。

長州と薩摩は、倒幕に向けて動き出すことだろう。

――しかし、となるとまた戦になるな。

勝はいさぎよく負けをみとめたが、家茂のあとをついだ徳川慶喜はそうではなかった。

慶喜は朝廷と天皇にはたらきかけて、「幕府は負けたのではない。しかし将軍が死んだばかりのいまは戦をひかえなさい」といった意味の勅諚を出させると、フランスに協力をたのんで幕府軍の改革をはじめた。勅諚を知った長州藩は当然ながら激怒した。

「こりない幕府め。来るなら来い！」

これでは、三度目の長州征伐が起こりかねなかった。

――こんなに戦ばかりしていては、異国がよろこぶだけじゃ。

龍馬はグラバーから、今回の戦で長州が使ったミニエー銃やゲベール銃は、もともとアメリカで使われていたものだと聞かされていた。

十三年前、黒船で来航し、日本を開国させたのはアメリカだ。しかし、ここ数年、アメリカの影はうすく、かわりにイギリスやフランスが日本に深くかかわっていた。

理由は、アメリカ国内で起きた南北戦争だった。

つい昨年まで、アメリカは国が北と南にわかれて戦争をしていた。こうなるとほかの国との外交どころではない。そのすきに日本にやってきたのがイギリスとフランスだった。

イギリスやフランスは、南北戦争で外国から武器を買い入れるアメリカを相手に大もうけしたという。同じことを今度は日本でやろうとしているのかもしれない。事実、南北戦争が終わって必要のなくなった銃がこうして長州の手に渡ったのだ。

——それだけじゃない。イギリスやフランスは内戦で日本が弱ったら、今度は政にまで口を出してくるかもしれない。

それを考えると背筋がさむくなった。

「戦は、いかんぜよ」

龍馬は、ぽつりとつぶやいた。

この年の十二月五日、亡くなった徳川家茂にかわり、徳川慶喜が第十五代将軍となった。その二十日後、孝明天皇が家茂のあとを追うように崩御した。

19 海援隊

長崎にもどった龍馬が最初にやらねばならなかったのは、船を手に入れることであった。『ワイルウェフ号』は沈んでしまったし、『乙丑丸』は長州にかえしてしまった。船がなければ亀山社中は商売ができない。

見かねた薩摩藩が『ワイルウェフ号』のかわりにと帆船『大極丸』を用意してくれた。

「やれやれ、これで社中のみんなをなんとか食べさせていけるぞ」

龍馬は心からほっとした。亀山社中には海軍操練所時代からの仲間や船をあやつるのにやとった船員たち、約五十人ほどの仲間がいる。その全員にちゃんと給料をはらうには船で荷を運ぶ必要があった。

そんなある日、土佐藩士で、龍馬と同じころに江戸の千葉定吉道場で剣術修行をしていた溝渕広之丞が亀山社中をたずねてきた。

「広之丞、ひさしぶりじゃのう」

「おう、龍馬。今日はちょっと相談事があってのう」

ふらりとあらわれたような態度をよそおっていたものの、広之丞は脱藩した龍馬とちがって土佐藩士だ。長崎へは、なにか役目があってきたのだろう。

「なんじゃ、なんでも言ってくれ」

「実はおんしに折り入ってたのみがある。後藤象二郎様と会ってくれないか」

龍馬は「ほお」と答えるだけだったが、だまっていなかったのはまわりにいた土佐出身の仲間たちだった。

「後藤が坂本さんになんの用じゃ！」

「武市先生を切腹させた張本人が、よくもぬけぬけと」

まあまあ、と龍馬は仲間たちを制した。

後藤象二郎は、いまや土佐の参政として山内容堂の右腕となっている。その後藤が、脱藩した龍馬に会いたいというのだ。話くらいは聞いてみるべきだった。

「龍馬、土佐は変わった。容堂公は、もはや幕府だけでは政は立ちゆかないと考えるようになった」

「どうせ幕府が長州に負けたのを見て、こりゃあいかんとあわてたんじゃろう」

広之丞の言葉に、仲間たちは笑った。

「ころりと態度をかえるところが、いかにも容堂公じゃ」

龍馬も「ははは」と声をたてて笑った。

「それが容堂公というお方ぜよ。尊王攘夷にいきおいのあるときは見て見ぬふり。安政の大獄でそれをとがめられそうになればひきこもって死んだふり。土佐に帰れば暴君となって土佐勤王党をつぶしにかかる。で、今度は今度で幕府に見切りをつけるか。まあ、殿様というのはそれくらいしたたかじゃないとやっていけんのじゃろうな」

昔の自分だったら、こんな無礼なことはけっして口にできなかっただろう。だが、土佐からはなれた自分にとって、もはや山内容堂は君主でもなければ神でもなかった。

「広之丞、わしは後藤様に会おう。用件はだいたいわかっている」

「会ってくれるか」

「土佐は、武器がほしいんじゃろう。ちがうか？」

幕府軍は最新式の武器を装備した長州藩に敗れた。これからは洋式の軍隊が必要だ。容堂や後藤はそう考えたにちがいない。そこでグラバー商会とつながっている龍馬たち亀山社中に目をつけたのだ。

「そのとおりじゃ。政にくわわるには薩摩や長州のような武力がないといかんからのう」

広之丞は、かくすことなく答えた。

――容堂公も後藤もバカではないな。わしらを利用する気でいるなら、こっちも利用してやるまでじゃ。

半平太のことを思うとくやしいが、ここはもっと広い目でものを考えたほうがいいだろう。それに後藤の身になってみれば、叔父の吉田東洋を殺されているのである。

――薩摩に長州、そこに土佐がくわわれば、幕府に対抗する勢力はさらに力をます。

それだけではない。ここで恩を売れば、土佐藩を通じて、幕府に物を申すこともできるかもしれない。

「後藤様に伝えてくれ。わしはいつでもいいぜよ」

「すまん、龍馬。これでわしの面目もたつ」

広之丞は礼を言うと去っていった。

龍馬は、このあと、すぐに下関にいる慎太郎のもとに行った。

「後藤がおんしに会いたいじゃと?」

話をきくと、慎太郎は「あはは」と笑った。

「こりゃ、おもしろい。土佐藩のほうからおんしにすり寄ってくるとはの」

ただし、気をつけろよ、と慎太郎は言った。

「とりこまれて、やすやす家来にもどったらいかんぜよ。いまの自由な立場がなくなる」

「わかっている。わしにはひとつ考えがある」

龍馬は「まあ、見ててくれ」と胸をたたいた。

龍馬と後藤象二郎の会見は、年が明けた慶応三年(一八六七年)の一月十二日、長崎の料亭『清風亭』で行なわれた。

龍馬より二歳四ヶ月年下の三十歳である後藤は、龍馬に会うと自分から「土佐藩参政、後藤象二郎と申します」と頭を下げてきた。そこに、かつて龍馬や半平太を見ても目に入らぬかのような態度をとっていた傲慢な青年の姿はなかった。

「話は溝渕広之丞から聞いていると思う。土佐は、坂本、おんしらのたすけがいる。これまでのことは水に流し、力になってはくれないか」

上士風を吹かさずに、素直にたのんでくる後藤に龍馬は好感をいだいた。

「脱藩の罪は許す。重臣にもとりたてる。この後藤がちかう。どうじゃ？」

「後藤さん」

龍馬は言った。

「わしは土佐藩にはもどらん。だけど、土佐は故郷じゃ。土佐藩のためにははたらこう。武器ならいくらでも調達する。船もじゃ。薩摩や他藩との橋渡し役にもなる。それじゃあ、いかんかの？」

「それでもいい。土佐のためにはたらいてくれるのなら」

「ならば、亀山社中を土佐藩の出店だと思って、商いのための資金を出してくれんかの」

「出そう」

後藤は、まるで最初から決めていたかのように龍馬の出す条件を次々にのんでいく。

――この男、なかなかじゃのう。

これまでどんな人生を生きてきたか知らぬが、さすがは参政になるだけのことはある。

――ひとつ、たしかめてみるか。

「後藤さん、わしのことをどう思っている？」

「たいしたものじゃと感心している。藩を飛び出したかと思えば、薩摩や長崎の商人を味方にし、このような社中をつくっている。それにおんし、軍艦奉行の勝海舟殿ばかりか、松平春嶽公にまで覚えがめでたいそうじゃな。一介の郷士が……」

そこまで言って、後藤は「すまぬ」と口にした。

「わしはもう上士だ下士だと言う気はない。すぐれた人材はすべて土佐の宝だと思っている。もし容堂様に伝えたいことがあるなら、わしが取り次ぐ。なんでも言ってくれ」

「よし、後藤さん、わかった。わしもあんたは男だと思う」

飲もう、と龍馬は盃を手にした。

この日から、龍馬と後藤はよく会ってはおたがいの意見を交換しあうようになった。

後藤は「容堂様には薩摩の島津久光公や松平春嶽公らとともに、幕府の政にくわわってもらいたいと思っている」と言った。

「そうでないと、政は薩摩や、へたをすると長州にうばわれてしまい、土佐には出る幕がなくなってしまう」

後藤があせるのも、もっともだった。

「そのためには後藤さん、土佐は薩摩と結ぶべきじゃ」

龍馬は薩長が同盟を結んだように、土佐も薩摩と手をとりあうべきだとすすめた。

「なるほど。それならば土佐は薩摩におくれをとることはないな」

後藤は約束どおり、亀山社中に商いの資金と仲間たちの給料を出してくれた。亀山社中は「海から土佐藩を応援する」という意味の「海援隊」という名にあらためられた。

後藤との初会見から四ヶ月後、長崎にいる龍馬のもとに悲しい知らせが届いた。

「高杉さんが死んだ？」

まさか、と思ったが本当だった。四月十四日、高杉晋作は持病の肺結核で世を去っていた。数えで二十九歳、満年齢で二十七歳という若さだった。

――そういえば長州征伐のときも咳をしていた。肺を病んでおられたか………。

龍馬は高杉が残したという辞世の句を読んだ。

「〝おもしろきこともなき世をおもしろく〟か。高杉さんらしいのう」

高杉晋作も久坂玄瑞も、そして武市半平太も、志なかばで逝った。

――わしもいつ死ぬかわからん。それまで、やれるだけやるぜよ。

薩長につづいて土佐も龍馬の言葉に耳をかたむけるようになった。

――わしは、その土佐を動かそう。土佐を動かし、最後は幕府を、朝廷を、日本を動かすんじゃ。

この先、日本をどんな国にしていくか。

すでに龍馬の胸には、その絵図が描かれていた。

20 船中八策

四月二十三日の夜だった。

龍馬は、大洲藩から借りた蒸気船『いろは丸』に乗って瀬戸内海を大坂へと荷を運んでいた。

暗い海の上で、龍馬たちが右ななめ方向から近づいてくる大型船を発見したのは日付のかわる半刻（一時間）ほど前だった。

「危ない。よけろ！」

『いろは丸』は舵を左に切った。しかし、相手の船が右に舵を切ったため、右舷側から衝突されてしまった。

ぶつかった瞬間、百六十トンの『いろは丸』は木の葉のようにゆれた。相手は紀州藩が持つ八百八十七トンの蒸気船『明光丸』だった。

『明光丸』は、いったん『いろは丸』からはなれたと思ったら、今度はふたたび前進してもう一度衝突した。

「いったいなにをやっとるんじゃ、このへたくそが！」

二度の衝突で、『いろは丸』は浸水した。龍馬たちは『明光丸』に乗りうつり、自力では動けなくなった『いろは丸』を近くにある鞆の浦までひいてもらった。が、『いろは丸』は港に着く前に沈んでしまった。

紀州藩といえば、徳川御三家のひとつだ。『明光丸』の船長たちは徳川御三家の誇りから、たいした謝罪もせずに長崎に行ってしまった。

「ふざけおって。荷のすべてと船を弁償させてやる」

怒った龍馬は『明光丸』を追いかけて長崎へともどった。そして後藤とともに長崎奉行所を介して紀州藩と渡りあい、賠償金八万三千両を勝ちとった。

勝訴の決め手になったのは、勝海舟がくれた『万国公法』だった。国際法に照らしあわせてみると、事故のときに正しい行動をとったのは『いろは丸』のほうであった。ぐうの音も出なくなった紀州藩は「おのれ、坂本」と龍馬を逆うらみするのが関の山であった。

「まったく、紀州相手にこんなことをしている場合じゃないいんじゃがな」

龍馬の言葉は本心だった。自分たちの商いも気になるが、もっと気になるのは京都の政情だった。

京都では、薩摩藩の島津久光の呼びかけで四侯会議が開かれていた。あつまっていたのは久光のほか、福井藩の松平春嶽、宇和島藩の伊達宗城、それに土佐藩の山内容堂だった。

この四侯会議は、表向きは、異国と約束をしていた兵庫開港をどうするか、それに長州藩を今後どうあつかうか、といったことが議題であったが、本当の目的は会議を成功させること、それ自体にあった。薩摩はこれを機に幕政に影響力を持とうとしたのだ。

だが、会議はうまくいかなかった。途中から参加した将軍・慶喜が、四侯に主導権を渡そうとしなかったからだ。それだけではない、四侯の足並みもそろわなかった。山内容堂は薩摩が会議をひっぱることに反発し、会議を欠席してばかりだった。

龍馬と後藤は土佐藩の『夕顔丸』で京都へと向かった。

「坂本、四侯会議はおそらくだめだろう。そうと決まったら薩摩や長州はどう出ると思う」

船上で、後藤は龍馬にたずねた。

「幕府があくまでも自分たちだけで政を行なおうとするのであれば、薩摩や長州はだまっておらんじゃろうな」

「戦になるかもしれんということか。容堂様はいまの幕府にはなかば愛想をつかしておられるが、内心ではご恩のある徳川家をつぶすようなことはしたくないと願っておられる」

それを聞いて、龍馬は「いまだ」と思った。

――いまこそ土佐を動かすときじゃ。

「後藤さん、戦をせずに徳川家が生きのびる方法がひとつある」

「なんじゃ、それは」

「大政奉還じゃ。幕府が政を朝廷におかえしするんだ。そうすれば薩摩や長州は幕府という倒すべき敵を失うこととなる。そればかりか、戦をせずに朝廷を通じて政に参加できる」

「た、大政奉還じゃと？」

さすがに想像を超えていたらしく、後藤は絶句した。

「なるほど、そんな手があったか」

「そうじゃ。このままでは早晩、幕府と長州はもう一度戦うことになるだろう。薩摩もくわわるはずだ。それだけではない。幕府弱しと見れば、国中で戦が起こるかもしれん。そんなことになったらいったいどれだけの人が死ぬか。日本はぼろぼろになって、最後は異国の食いものにされてしまう」

「いかん。それだけは絶対にいかん」

「だから大政奉還なんじゃ。これを機に、日本をあたらしくつくりなおすんじゃ。一発の弾を撃つこともなく、一度も刃をあわせることなく、西洋列強のどこにも負けない国をつくるんじゃ。そのためにわしはいくつかのことを考えた」

龍馬は自分が考えたあたらしい日本の形、「船中八策」を後藤に説明した。

一、幕府は朝廷に天下の政権をおかえしする（大政奉還）。
二、上下両院を設け、議会政治を行なう。
三、天下の有能な人材を政に登用すること。
四、外国と広く交際し、不平等な条約はあらためる。
五、新憲法（法律）をつくる。
六、強い海軍を持つ。
七、首都と天皇を守る親衛隊（軍隊）をつくる。
八、外国との金銀、通貨の交換は国際的な基準にあわせる。

以上の八つが実現すれば、日本はこれまでとはまったくちがう、近代的な国家に生まれかわるはずだった。


「これはいい！」

後藤は「船中八策」をすぐに理解し、「ぜひ容堂様に伝えよう！」と言った。

「それにしても坂本、おんし、まさかここまで考えておったとは」

「ははは。わしもいろんな人に話を聞いて考えたんじゃ」

本当のことだった。

この十数年、龍馬はさまざまな人に会ってきた。

佐久間象山からは、異国と戦う前に、まず異国から学ぶことを教えられた。

恩師である勝海舟や河田小龍からは、船で世界に出ることを教わった。

松平春嶽からは、かた苦しく物事を考えないことを教わった。

横井小楠からは、国を動かすには広く人材をあつめることが必要だと教えられた。

そして大久保一翁からは「大政奉還」という考え方を教えてもらった。

――わしの考えはわしひとりのものではない。大勢の知恵者が考えぬいたことを、こうしてならべているだけじゃ。

大事なのは、ここからだった。

――どんなにすぐれた考えでも、実行せねばないものと同じじゃ。わしは、これをなにがなんでも形にしてみせる。あたらしい日本をつくってみせるんじゃ。

あたらしい日本ができたとき、そのときはきっと日本人のだれもが世界に出ていけるときとなるであろう。船に乗って世界のどこにでも行けるし、世界中の人々と商いができる。

――わしがつくりたいのは、そういう自由な日本じゃ。

「後藤さん、これを容堂公にお伝えし、慶喜公に大政奉還こそが徳川家を残す手立てじゃと進言してもらってくれ。わしの名前など出さんでいい。大事なのは中身じゃ」

龍馬の依頼に、後藤は決然とした表情で「わかった」と応じた。

京都に着くと、悪い予感は当たっていた。

四侯会議は失敗に終わっていた。山内容堂は会議を途中で投げ出して土佐に帰国し、島津久光はあくまでも政権の中央から動こうとしない徳川慶喜を見放していた。

心配なのは、このままでは薩摩が長州とともに武力で幕府を倒そうとするかもしれないことだった。

そこで龍馬は、後藤を西郷や小松に引きあわせ、薩摩と土佐が協力して大政奉還を進めるということを決めた。ただし、西郷は龍馬にこうも言ってきた。

「坂本さん、悪いがもしこれがうまくいかんときは、薩摩は武力で幕府を倒しもす。このことは承知してください」

「まかせてくれ、西郷さん。わしは命をかけて慶喜を大政奉還に動かす。王政を復古し、議会をつくってあたらしい日本をつくろう」

後藤は、「大政奉還」案を伝えに土佐にいる山内容堂と藩主の山内豊範のもとへと行った。龍馬は四侯の一人である宇和島藩の伊達宗城や、松平春嶽に会い、大政奉還の必要性を説いた。春嶽は「私からも後押ししよう」と賛成してくれた。

「慶喜様とて、本音のところでは戦は避けたいはずだ。先手を打って大政奉還をしてしまえばいいのだ」

春嶽の言うとおりだった。しかし、誇り高い十五代将軍・慶喜がはたしてかんたんにそれを受け入れるかどうか。なにかもうひとつ、決め手となるものが必要な気がした。

龍馬は京都にきていた慎太郎と会った。慎太郎はこのところ、連日、西郷や大久保一蔵など、薩摩藩の有力者と話しあっていた。

「慎太郎、おんし、薩摩の本音を知っているなら教えてくれないか」

「薩摩は慶喜が大政奉還するとは思ってはおらん。西郷さんも大久保さんも武力倒幕しかないと思っている。長州はもちろん、土佐藩の一部の者もそれに賛成している」

「やっぱりそうか……」

「わしも賛成じゃ。幕府を倒すには武力しかない。徳川も幕府を開く前に天下分け目の関ヶ原の戦に勝利した。強い者が国を治めるのはいつの時代も同じだ」

「そうか。しかし、わしの考えは少しちがう。できれば大政奉還を実現させ、平和のうちに政権を幕府から朝廷にうつしたいと考えている」

「大政奉還ができれば、の話だな。だが、その前に薩摩や長州に朝廷から倒幕の勅命が下ったらどうする?」

朝廷が幕府を倒せと言ったら、その時点で幕府は「逆賊」となる。

「龍馬、薩摩や長州はもう動いている。公卿の岩倉具視様を通じて勅命を得ようとしている。勅命が下れば、幕府は降伏するか、逆賊として戦うかしかないだろう」

「慎太郎、いくら薩摩と長州が強くても、幕府にはフランスがついているんじゃぞ。それに幕府艦隊もいる。兵力だけなら幕府軍のほうが多い。大戦になってしまうぞ」

「なるかもしれんが、勝つのは薩長だ。それに薩長だけではない。土佐藩も、あの容堂公のことじゃ、どっちが勝つかがわかればすかさず勝つほうに味方するだろう。土佐だけではない、長州征伐を間近で見ていた西国の諸藩は薩長につくはずだ」

聞いていると、どうも自分のあずかり知らぬところで、武力倒幕の準備は着々とすすんでいるようだった。

――このままではまずい。なんとかせねば……。

「そうじゃ、慎太郎。武力倒幕ということは、兵がいるのう。薩摩はいつ兵を京都に上らせるじゃろう」

「そう遠くはないだろうな」

「いそがせてくれ。でないと慶喜が大政奉還してしまうぞ」

龍馬が言うと、慎太郎はふしぎそうな顔をした。

「おんしは武力倒幕には反対なんじゃないのか。兵が京都にきたら、戦になるぞ」

「慎太郎、これは賭けじゃ。勅命が下るのが先か、大政奉還が先か。慶喜の尻をたたくには、むしろ薩摩の軍勢が目に見えるところにきたほうがいい」

「わしは勅命が先に下ることを願っているけどな。でもまあ、薩摩軍が京都に来るのは賛成じゃ。西郷さんをけしかけてみよう」

「大政奉還と勅命と、競争じゃな」

やるべきことはやった。あとはどうなるかだった。

21　大政奉還

八月、龍馬は長崎にもどり、土佐藩のためにオランダの商人から新式の鉄砲を買いつけた。千挺の鉄砲は、下関を経由して土佐へと運ぶこととなった。

下関にはおりょうがいた。昨年、龍馬とともに長崎にきたおりょうは、今年になってからは下関で、海援隊が借りた家に妹と暮らしていた。

「おりょう、いったいどれくらいぶりじゃろうの。達者にしていたか」

「達者も達者。元気すぎてこまっています」

本当はさびしいだろうに、数ヶ月ぶりに会ったおりょうの笑顔に、龍馬は気持ちがなごんだ。

「わしはこれから五年ぶりに土佐に行く。そのあとはまた京都じゃ」

「このあいだも京都かと思えば、またですか。寺田屋のときのことを忘れないでください」

「ああ、わしも危ない目にあうのは二度とごめんじゃ。京では名前をかえて動いているから心配いらん」

「あのときだって、薩摩藩士を名乗っていたではないですか。本当に気をつけてください」

おりょうの心配はいたいほどわかる。だが、大政奉還が実現するかどうか、見きわめるためにも龍馬は京都に行かねばならなかった。

「それよりもおりょう。もしかしたら来年は船で異国に行けるかもしれんぞ」

幕府がなくなり、王政復古によって新政府ができれば、自分たちも大手をふって異国との交易ができるだろう。いまはグラバーたち異国の商人にたのまねば買えないものも、直接異国に買いにいけるはずだった。

「まあ、それじゃあますますわたしは留守番ですか」

「ちがうちがう。お前もわしと異国に行くんじゃ。ええな」

「龍さんといっしょなら、天国でも地獄でも行きますよ」

その日、二人はひさしぶりに夫婦水いらずのときをすごした。しかし、いつまでもそうしている時間はなかった。

次の日、龍馬はたずねてきた伊藤俊輔から、長州が薩摩とともに倒幕の兵を挙げるという話を聞いた。朝廷から名誉を回復された長州軍は京都に入るという。

「そうか、いよいよそのときがきたようじゃな」

後藤は山内容堂を説得し、土佐藩主・山内豊範の名で将軍・慶喜に大政奉還の建白書を差しだすはずだった。

——わしも京都で最後のひとはたらきをしてみよう。

そう決めた龍馬は、万一のことを考え、三吉慎蔵におりょうの身を守ってくれるようにたのむと、鉄砲を届けに土佐へと向かった。

土佐の地を踏むのは、脱藩して以来、実に五年ぶりだった。

「龍馬！　なんとまあたのもしくなって」

弟の五年ぶりの帰郷に乙女は大よろこびだった。

権平も、「身ひとつで出たもんが、藩まで動かすようになるとはな」と弟の出世ぶりをたたえてくれた。近所の人たちや親戚、日根野道場時代の古い友人たちもあつまってきて、龍馬は夜おそくまで酒を飲み交わした。

——やっぱり土佐の酒はうまい。土佐の空気はうまいのう。

「おりょうさんというのは、どんな人なの？」

乙女は龍馬の結婚相手であるおりょうのことを知りたがった。ちょうどいい、と龍馬はたのんだ。

「姉上、わしはこれから京の都に命を賭けた仕事をしにいく。もしかしたら本当に命を落とすかもしれん。そのときは、下関にいるおりょうを土佐でひきとってはくれないか」

「まかせなさい。でも、命は大事にしなさい。死んだらあかんよ」

「わかっているぜよ。わしには夢があるんじゃ。それを果たすまでは絶対に死なん」

ひさしぶりの里帰りもそこそこに、龍馬はふたたび船に乗って京都をめざした。その間に、土佐藩は大政奉還の建白書を幕府に差しだしていた。船が大坂に着いた十月六日、それを知った龍馬は「よし！」とさけんだ。

「あとは慶喜の首をたてにふらせることじゃ」

そこで龍馬がたずねたのは、後藤から紹介された永井尚志だった。永井は幕府の若年寄で、大政奉還にも積極的な人物だった。

「永井様、どうか将軍様に大政奉還の建白を受け入れるよう申し上げてください」

「言いたいことはわかる。だが、大政を奉還したのち、政はどうなる。朝廷にはそれほどの力はない。薩長だけでも足りぬだろう。だれがこの先の日本をまとめていくのじゃ」

永井の疑問はもっともだった。

「王政復古によってできた新政府は、徳川家が中心となって、薩摩や長州、土佐など諸藩から人をあつめて議会政治を行なうのです。もちろん慶喜公にも政に参加してもらいます」

「なるほど、それなら上様もご納得されよう」

永井は建白の後押しを約束してくれた。

——これで大政奉還を決意しなければ、徳川慶喜はとんだ愚か者じゃ。

龍馬はそう確信するいっぽうで、不安とも戦った。

——とはいえ、二百七十年近くつづいた徳川幕府を終わらせるのじゃ。わしが慶喜であったら、やはり迷うだろう。悩みもするだろう。

だが、歴史は龍馬に味方した。


十月十三日、将軍・慶喜は京都にいる大名やその代表者たちを二条城にあつめた。大政奉還について、意見をきくためだった。

土佐藩からは後藤象二郎が列席した。この朝、龍馬は後藤に「慶喜が大政奉還しないというのなら、その場で腹を切ってほしい。わしは仲間たちと将軍を襲う」という内容の手紙を出した。実際に後藤に切腹しろと言っているわけではない。今日の会議には、それくらいの覚悟を持ってのぞんでほしい、という気持ちからだった。

この日、慶喜は大政奉還を決定した。

翌十四日には正式にそれが朝廷に伝えられ、十五日に大政奉還の勅許が下された。

慶応三年十月十五日、十五代、二百六十四年に渡って日本を統治していた徳川幕府は、この日をもってその役目を終えたのであった。

龍馬は宿にしていた京都河原町の近江屋で大政奉還の報を聞くと、拳をにぎりしめた。

——大政奉還が成った。これで日本に夜明けが来る。

「やったぞ！」

「とうとう幕府が降参したか」

いっしょにいた仲間たちは万歳でもしかねないほどのよろこびようだった。

しかし、龍馬は浮かれてはいなかった。

——すぐに新政府をつくらねば。どんな政府にするかを考え、西郷さんや桂さんと相談するんじゃ。

いそがねばならない理由は山ほどあった。

慶喜は大政を朝廷にかえしたが、幕府の旗本たちのなかにはそれを不服とする者たちがごまんといるはずだった。

旗本だけではない。会津藩や桑名藩など、これまで幕府をささえてきた大名たちは幕府の決定を無視して勝手な行動をとるかもしれない。

おかしなことが起きる前に、はやく新政府をたちあげて、日本の舵取りをしなければならない。

龍馬は「船中八策」をもとにした「新政府綱領八策」と、新政府の中心となる役職と候補となる人物の名をならべた「新官制議定書」をつくった。これを後藤や西郷や桂たちに見せるつもりだった。

龍馬自身は政府の役職につくつもりはなかった。「そんなことよりも海に出て、世界の海援隊でもやろう」というのが本心だった。だが、仲間たちはそれを許さなかった。

「坂本さんは大政奉還の立役者じゃ。名前がないと西郷さんたちもふしぎがりますよ」

言われてみれば、みんなを動かしておいて自分だけぬけるというのも無責任な話だった。

「しかたないのう。ならば名前を足しておくか」

こうして、できあがった「新官制議定書」の役職候補の欄に「坂本龍馬」の名がくわえられた。

22 近江屋

十一月、龍馬の京都滞在はつづいていた。

新政府は、まだできていない。徳川慶喜はといえば、将軍職を返上しようとしたが、朝廷からは拒否されていた。

幕府はなくなったのに、その頂点に立つ征夷大将軍はいまだにいる、という中途半端な状態がつづいていた。

薩摩と長州は、あわせて約四千の兵を京都に向かわせているところだという。龍馬が避けたいと願っていた戦が起きる可能性は残っていた。

この間に龍馬は、福井にいる松平春嶽をたずねて入京するようにたのんだ。春嶽は新政府では役職につく予定だった。また春嶽の家臣の三岡八郎とも会い、新政府の財政をどうするか話しあった。

ほかにも大勢の人と会った。会っては日本をどうするかを話し、意見を交換した。なかには以前は新撰組にいた伊東甲子太郎のような人物もいた。

伊東は「近江屋のようなところにいては危ない。土佐藩邸にうつられてはどうですか」

とすすめてきた。

「坂本さん、新撰組はあなたをねらっています。新撰組だけではない、見廻組もでしょう。大政奉還を実現させたあなたは、幕府側の人間にとっては仇なんです」

元新撰組の伊東が言うのだから本当だろう。

「わしは土佐藩の人間ではありません。だから土佐藩邸には入りません」

ここが龍馬の立場のむずかしいところだった。龍馬は、自分がいままで自由に動いてこられたのは、どこの藩にも属していないからだということをよく知っていた。

「土佐藩邸に入ったのでは、まわりから坂本は土佐藩士にもどったと思われてしまいかねません。薩摩藩邸からも、こっちにきたらどうかと言われたんですが、それじゃあ土佐の者たちがおもしろくないでしょう」

近江屋は土佐藩邸のすぐ向かいにあった。なにかあればすぐにたすけが呼べる。それに、永井尚志からは「奉行所や見廻組、新撰組などには君に手出しせぬよう申しわたしておこう」とも言われていた。よもや寺田屋のときのように捕り方にかこまれるようなことはないはずだった。

十一月十五日、夕方、近江屋の土蔵にいる龍馬を慎太郎がたずねてきた。

「なんじゃ龍馬。具合が悪いのか」

布団をかぶって火鉢に手を当てている龍馬を見て、慎太郎は言った。

「ちと風邪気味なだけじゃ。心配ない。土蔵にいて冷えたのかもしれん」

龍馬が土蔵にいたのは、ここならば人目につきにくいからだった。

「慎太郎、話をするなら母屋の二階に上がろう」

二人は近江屋の二階にある奥の間へ入った。

しばらくの雑談のあと、「さて」と龍馬は言った。

「慎太郎、たずねてきたのはほかにも話があるからじゃろう」

「そのとおりじゃ」

「薩摩と長州は、幕府と戦をする気だな」

「ああ、朝廷からはすでにひそかに討幕の勅命が下りている」

「なんじゃと?」

慎太郎によれば、大政奉還のあった十月十三日と十四日、討幕の密勅がひそかに薩摩と長州に下されていたという。

「そんなもの、どうせ岩倉公あたりが薩長の血の気の多い者たちと組んで勝手に出したのではないのか」

「だとしても、勅命は勅命じゃ。慶喜は大政奉還したが、幕府も徳川家もそのまま残っているんじゃ。領地も城もとりあげないと本当に大政を奉還したことにはならん。幕臣たちがおとなしくそれを受け入れるとは思えない。となれば、どこかで必ず戦が起きるはずだ。薩長はそれを逆賊として討つんじゃ」

「それで、わしに武力での倒幕を納得させようとやってきたというわけか」

「龍馬、おんしは勝海舟の弟子じゃ。徳川に対して情けをかけたい気持ちはわかるが、このままではおんしは徳川寄りの人間として薩長からも朝廷からも孤立する。犬猿の間柄だった薩摩と長州を結びつけたおんしが、大事なところで蚊帳の外に置かれてしまうのはわしとしてはがまんがならんのだ」

話はいつまでもつづきそうだった。

気がつくと、外は暗かった。

「慎太郎、武力倒幕はいかんぜよ」

おだやかな口調で、龍馬は言った。

「薩摩はともかく、長州は幕府や会津藩に強いうらみを持っている。だが、日本全体のことを考えれば、それは小さなことじゃ」

「たしかに、長州は会津と同じように憎い敵であった薩摩と結んだ」

「そうじゃ、慎太郎。その薩長を結びつけたのはおんしとわしじゃないか。わしらなら、平和のうちに日本をかえることができるはずじゃ。そうは思わんか」

「平和のうちにか……」

　慎太郎は、考えるそぶりを見せた。

「そうじゃ。敵となりそうな者はすべて味方にかえてしまえばいい。一刻もはやく新政府をつくって、日本中の力をひとつにするんだ」

　力説する龍馬に、慎太郎が「わかった」と言った。

　慎太郎の顔は笑っていた。

「龍馬、おんしにゃ負けた。薩長同盟のときのように、ひとつ二人で汗をかいてみるか」

「おお、それでこそ中岡慎太郎じゃ！」

　龍馬がよろこんでいると、一階から「坂本様、客人です」と人が上がってきた。あらわれたのは龍馬の世話役をしている藤吉だった。元は相撲取りだった藤吉は用心棒もかねていた。聞くと、奈良の十津川郷から知りあいのだれかがたずねてきたらしかった。

「あがってもらってくれ」と龍馬は言った。

少しして、ふすまの向こうでどすんとうるさい音がした。

「藤吉のやつ、しこでも踏んでいるんじゃないのか」

軽口をたたいていられたのは、ここまでだった。

不意にふすまが開き、何人かの男たちが乱入してきた。

龍馬と慎太郎めがけて白刃がふりぬかれた。

――しまった。

「太刀を……」

そこまで言って、龍馬は気を失った。

意識がもどると、正体不明の刺客はすでに去っていた。

すぐ横で、自分と同じように慎太郎が全身に傷を受けてたおれていた。息はあるようだった。

「……龍馬」

慎太郎の声が聞こえた。

龍馬は、身を起こし、血にまみれた額にふれた。ふしぎと痛みはない。ただ、全身がぼーっと熱かった。

「慎太郎、わしはだめじゃ……頭をやられた……」

自分は無理でも、慎太郎はまだたすかるかもしれない。龍馬は、一階にたすけを呼ぼうと畳をはった。

「とう……きち」

かすれた声で藤吉を呼んだが返事はない。

――藤吉も斬られてしまったか。

意識が、遠のいていく。もう少しも体を動かすことはできなかった。

――わしらを斬って、なんになるんじゃろうの。

なぜか怒りはわいてこなかった。かわりに、口もとには「ふっ」と笑みがこぼれた。

――おりょう。

妻の顔がよぎった。

――すまん。わしは天に召されるようじゃ。

三吉や乙女におりょうをたくしていてよかった。それだけがすくいだった。

乙女や権平の顔がうかんだ。半平太や勝海舟、河田小龍、千葉重太郎にさな、桂や西郷、後藤、高杉、久坂、グラバー……自分の人生を彩ったすべての人々の顔が……。

——みんな、あとはまかせた。

目の前が光に満ちた。光の向こうには、海と空があった。

——ああ、そうじゃ。わしは世界へはばたくんじゃった。世界が、わしを待っている。

海はきらきらとかがやいていた。龍馬の乗る船は大海原を走っていた。

船の舳先に立つ龍馬のとなりには、おりょうがいた。

「龍さん」

おりょうの声が、聞こえた気がした。

——おりょう、いっしょに行こう。

水平線を渡ってきた風が、二人をやさしくなでた。

まばゆい光に目を細めるように、龍馬はゆっくりとまぶたを閉じた。

慶応三年（一八六七年）十一月十五日、くしくもこの日は、龍馬の三十二回目の誕生日であった。

坂本龍馬　年表

西暦［元号］（年）	年齢	龍馬の歴史	日本のできごと
一八三五［天保六］	1	十一月十五日、土佐（いまの高知県）に生まれる。	
一八四六［弘化三］	12	母・幸が亡くなる。	
一八四八［嘉永元］	14	日根野道場に入門。	
一八五三［嘉永六］	19	剣術修業のため江戸に行く。千葉定吉道場に入門。ペリー来航のため品川海岸で警護にあたる。佐久間象山に入門。	ペリーが黒船四隻を率いて浦賀に来航。
一八五四［嘉永七、安政元］	20	土佐に帰る。河田小龍から海外の様子を聞く。	「日米和親条約」が結ばれる。
一八五五［安政二］	21	父・八平が亡くなる。	
一八五六［安政三］	22	剣術修業のために、ふたたび江戸へ行く。	
一八五八［安政五］	24	北辰一刀流の目録を受ける。	「安政の大獄」が起こる。
一八六〇［安政七、万延元］	26		「桜田門外の変」で井伊直弼が暗殺される。

※年齢は数え年です

年	ページ		
一八六一［文久元］	27	「土佐勤王党」にくわわる。	「土佐勤王党」が結成される。
一八六二［文久二］	28	脱藩する。千葉道場にお世話になる。	勝海舟の弟子になる。
一八六三［文久三］	29	勝海舟にたのまれて、越前福井藩をたずねる。	土佐藩が「勤王党」を弾圧、武市が投獄される。
一八六四［文久四、元治元］	30	京都の薩摩藩邸で西郷吉之助と会う。	「蛤御門の変」が起こる。 勝海舟が軍艦奉行を辞めさせられる。
一八六五［元治二、慶応元］	31	長崎に「亀山社中」を設立。 下関で桂小五郎と会い、薩長同盟を提案。 中岡慎太郎といっしょに京都の薩摩藩邸で西郷と会談。 おりょうと結婚する。	神戸海軍操練所が閉鎖になる。
一八六六［慶応二］	32	伏見の寺田屋で襲われてケガをする。 薩長同盟の保証人になる。 おりょうと鹿児島に行く（日本初の新婚旅行といわれる）。 長州を応援して、幕府側と下関海戦で戦う。	「薩長同盟」が結ばれる。 幕府と長州の戦いがはじまる。
一八六七［慶応三］	33	「亀山社中」を「海援隊」に改名、隊長になる。 「いろは丸事件」が起こる。 「新政府綱領八策」をつくる。 京都の近江屋で刺客に襲われて亡くなる。	「大政奉還」が成立する。 「王政復古の大号令」が出される。 龍馬暗殺の二日後、中岡慎太郎が亡くなる。

参考文献

『図説坂本龍馬』小椋克己・土居晴夫監修（戎光祥出版）
『ペリー提督日本遠征記』Ｍ・Ｃ・ペリー著　宮崎壽子監訳（角川学芸出版）
『坂本龍馬』松浦玲著（岩波書店）
『竜馬がゆく』司馬遼太郎著（文藝春秋）
『龍馬の手紙』宮地佐一郎著（講談社）
『明治維新の原動力　坂本竜馬』砂田弘著（講談社 火の鳥文庫）
『飛べ！　龍馬　坂本龍馬物語』小沢章友著（講談社 青い鳥文庫）

（ホームページ）
高知県立坂本龍馬記念館
国立国会図書館／近代日本人の肖像
忘れの里雅叙苑／日本の原風景を残す茅葺きの宿【公式】
幕末維新風雲伝

編集協力…………………… ㈱J's　publishing

企画・編集………………… 石川順恵　坊野之子　甲田秀昭

装丁………………………… 荻窪裕司

口絵CGイラスト ……… 成瀬京司

口絵写真協力…………… 京都市歴史資料館
© 一般財団法人神戸国際観光コンベンション協会
長崎市観光政策課

校正………………………… ㈱鷗来堂

DTP　…………………… ㈱ヨコカワコーポレーション

新・歴史人物伝
坂本龍馬

2018年2月28日　初版発行

著　仲野ワタリ

絵　瀧玲子

発行者　井上弘治

発行所　**駒草出版**　株式会社ダンク出版事業部
〒110-0016
東京都台東区台東1-7-1　邦洋秋葉原ビル2階
TEL 03-3834-9087
FAX 03-3834-4508
http://www.komakusa-pub.jp

印刷・製本　シナノ印刷株式会社

落丁・乱丁本はお取り替えいたします。定価はカバーに表記してあります。

ISBN978-4-905447-91-7　N.D.C.289　194p　18cm